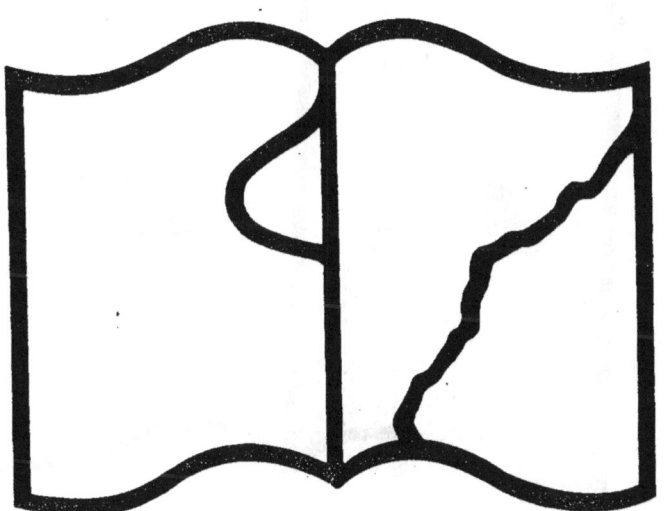

Texte détérioré — reliure défectueuse

NF Z 43-120-11

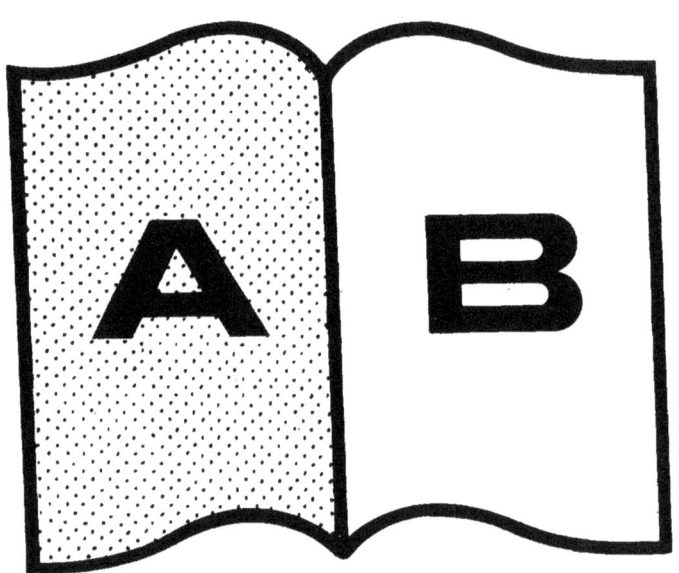

Contraste insuffisant
NF Z 43-120-14

Reliure serrée

MONTESQUIEU

LE

TEMPLE DE GNIDE

SUIVI

D'ARSACE ET ISMÉNIE

Nouvelle édition

AVEC FIGURES D'EISEN ET DE LE BARBIER

GRAVÉES PAR LE MIRE

PRÉFACE PAR O. UZANNE

ROUEN

CHEZ J. LEMONNYER, LIBRAIRE

Passage Saint-Herbland.

1881

LE

TEMPLE DE GNIDE

SUIVI

D'ARSACE ET ISMÉNIE

JUSTIFICATION DU TIRAGE
DES GRANDS PAPIERS

100 exemplaires sur papier Whatman.
50 — sur papier de Chine.
50 — sur papier du Japon.

N°

ÉVREUX, IMPRIMERIE DE CHARLES HÉRISSEY.

Dessiné par Ch. Eisen et Gravé par N. le Mire

EXPLICATION DU FRONTISPICE

Sur un fust de colonne est posé le Médaillon de M. de Montesquieu; *le Génie de la littérature le couronne d'une main, et de l'autre invite la Nature à toucher la Lyre. L'Amour vient offrir à l'auteur son carquois, son arc et son flambeau; on voit la Justice qui fait allusion à l'Esprit des Loix, dont un volume se trouve à côté des Lettres Persannes et du Temple de Gnide ; le Faisceau d'Armes qui est au-dessous indique les* Considérations sur les causes de la grandeur des Romains et de leur décadence.

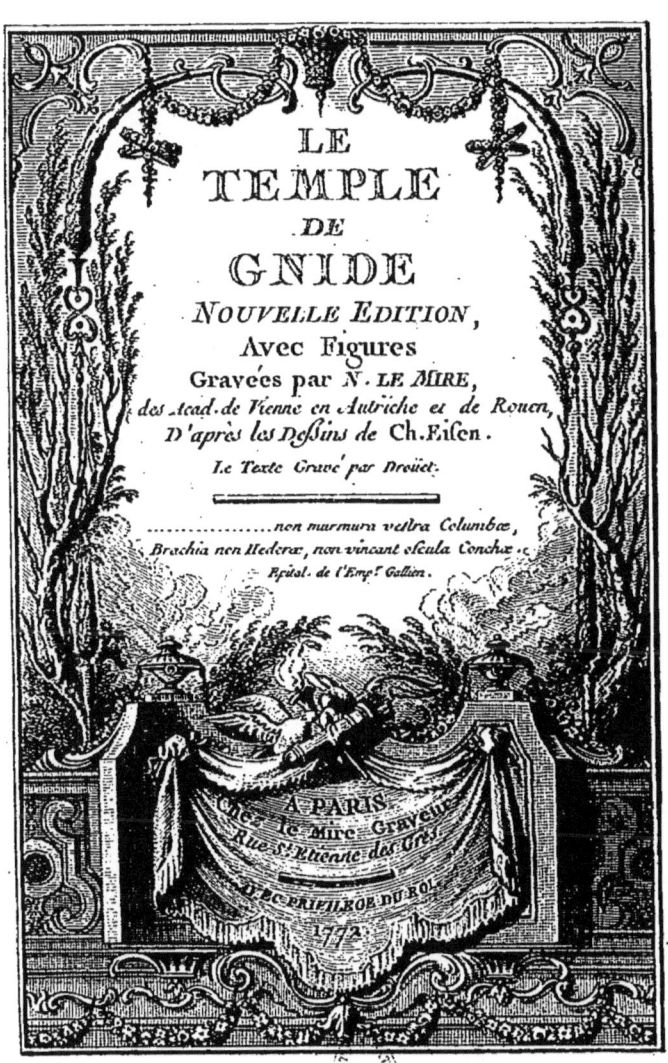

MONTESQUIEU

LE

TEMPLE DE GNIDE

SUIVI

D'ARSACE ET ISMÉNIE

Nouvelle édition

AVEC FIGURES D'EISEN ET DE LE BARBIER

GRAVÉES PAR LE MIRE

PRÉFACE PAR O. UZANNE

ROUEN

CHEZ J. LEMONNYER, LIBRAIRE

Passage Saint-Herbland.

1881

LETTRE

EN GUISE DE PRÉFACE

« *O Venus Regina Gnidi Paphique!*
HORACE.

*A MADAME X****

Au sujet de cette nouvelle édition du TEMPLE DE GNIDE

L'AUTEUR des *Lettres Persanes*, cet ardent passionné de l'antiquité, était, assure-t-on, toujours prêt à dire avec Pline : « C'est à Athènes que vous allez ; respectez les Dieux. » Aujourd'hui c'est à Gnide, Madame, que nous allons nous rendre, dans un joli temple de marbre rose, au fronton rococo tout surchargé d'Amours ; ce n'est point un Parthénon, synonyme de temple de la Vierge, c'est un édifice d'une majesté moins hautaine et d'un aspect plus enivrant ; aussi ne dois-je point, parodiant Pline et Montesquieu, murmurer à votre oreille : « Respectez la Déesse », car je vous sais trop bien disposée à vénérer une divinité à laquelle votre beauté rend un perpétuel hommage.

Songez à l'embarquement pour Cythère, dans un monde d'exquise convention ; voici déjà bercées sur le cristal des eaux les conques nacrées de Vénus, que de blanches colombes conduiront tout à l'heure ; l'air attiédi et sans bise est chargé de parfums troublants; dans les profondeurs des bois, nymphes et sylvains mêlent leurs voix dans une harmonie délicieuse, et tout là-bas, dans des lointains noyés, pays bleus du rêve, on entrevoit, mignonne apothéose, éclairée par un doux soleil de rubis, le coquet petit autel où nous allons nous rendre en galant pèlerinage.

Vite, ce costume Watteau qui vous sied si bien et ces mules de vair dignes de Cendrillon ; quelques mouches habilement placées pour la langueur du regard ou la morbidesse ironique du sourire, un nuage de poudre sur la chevelure, afin de donner plus d'ardeur à votre œil de velours noir sous ces frimas neigeux — adorable en vérité — prenez, de grâce, cet éventail de chinoiserie baroque et partons.

Quoi ! vous n'avez point lu le petit livret grec que je vous envoie ? « Quel siècle est le nôtre, disait l'auteur, où il y a tant de critiques et de juges et si peu de lecteurs. » — Je ne vous gronderai pas trop cependant d'avoir laissé cette place vide dans la bibliothèque de votre érudition ; comment pourrai-je le faire, puisque je dois à cette adorable lacune le grand heur de vous servir de guide ou plutôt d'introducteur dans la lecture que vous allez faire, en jolie friande et délicat gourmet de ces riens charmants !

Je vous soupçonne tout d'abord de connaître aussi bien que moi-même le célèbre président de Montesquieu par l'*Esprit des Loix*, l'*Essai sur le goût* et ses *Lettres familières*; mais à tout hasard je détacherai d'une galerie de portraits, ce pastel littéraire malicieux que signa ce singe pétulant d'esprit, notre bon ami le petit abbé de Voisenon :

« Montesquieu est un des hommes qui ont le plus honoré la France ; il ne ressemble point aux auteurs qui tournent sans cesse dans le même cercle et qui passent leur vie à ne faire qu'un seul ouvrage sous vingt titres différents. Le *Temple de Gnide*, les *Lettres Persanes*, la *Décadence des Romains* et l'*Esprit des Loix* sont tous les quatre d'un genre entièrement opposé. C'est le peintre des Grâces, un censeur fin et plaisant, un historien philosophe et un législateur profond. Il fut de l'Académie française pour les *Lettres Persanes* à condition qu'il les désavouerait ; et le *Temple de Gnide* lui valut de bonnes fortunes, à condition qu'il les cacherait. Il aimait beaucoup les femmes et connaissait beaucoup les hommes, par conséquent ne les estimait guère ; mais, comme il n'était pas sauvage, il les voyait parce qu'il sentait que la société est un besoin. Il était si bon père qu'il croyait de bonne foi que son fils valait mieux que lui. Il était ami doux et solide ; sa conversation était rompue, comme ses ouvrages. Il avait de la gaieté et de la réflexion ; il savait raisonner, et en même temps bien causer. Il était extrêmement distrait : Il partit un jour de Fontainebleau et fit aller son carrosse devant lui afin de le suivre à pied pendant une heure, pour faire de l'exercice. Il alla jusqu'à Villejuif, croyant n'être qu'à Chailly. Son livre de l'*Esprit des Loix* est traduit dans toutes les langues, et sera par tous pays un ouvrage classique, malgré les clameurs des dévots, les critiques de la Sorbonne, de Fréron et même de M. Dupin. La *Gazette ecclésiastique* se crut obligée, par charité, de le censurer lourdement, le Président eut la hardiesse de lui répondre par une apologie qui est un modèle d'éloquence et de fine plaisanterie; l'auteur janséniste, se voyant confondu, dit que le Président était Athée. Il mourut cependant dans des sentiments très chrétiens en disant que « la morale de l'Evangile était une chose excellente et le plus beau présent que Dieu ait pu faire aux hommes ». Malgré cela, les experts assurent qu'il est damné. »

Croyez-vous qu'il soit assez légèrement troussé ce croquis à la plume du cher abbé ? et ce trait final « les experts assurent qu'il est damné ». Voisenon, « cette *petite poignée de puces* » comme le nommait le marquis de Polignac, quel expert lui-même en matière de damnation ! Il portait, s'il vous en souvient, le sabbat de son libertinage jusque dans l'ermitage des époux Favart, et le diable seul sait quelle fut son astuce ! Mais remarquez cette insinuation qu'il est de mon devoir de vous expliquer : « Le *Temple de Gnide* lui valut de bonnes fortunes, à condition qu'il les cacherait » ; ne voilà-t-il pas une des phrases d'ironie amère, un exemple de ce « *nescio quid acetum* » qui se retrouve dans l'œuvre entière de l'auteur du *Sultan Misapouf*. Ceci me conduit à vous conter sans plus de préambules l'origine du joli *Temple de Gnide*, que vous allez lire si dévotement.

Montesquieu, qui a écrit ce mot charmant : « Je suis amoureux de l'amitié », fut aussi ami et grand ami de l'amour et je n'aurai point de peine à vous citer ces différents aveux qu'il a pris soin de ne pas dissimuler dans son œuvre : « J'ai été dans ma jeunesse, dit-il, assez heureux pour m'attacher à des femmes que j'ai cru qui m'aimaient; dès que j'ai cessé de le croire, je m'en suis détaché soudain. » — Puis, plus loin : « J'ai assez aimé à dire aux femmes des fadeurs, et à leur rendre des services qui coûtent si peu. » Et enfin : « A l'âge de trente-cinq ans, j'aimais encore. » — Rapprochez ces déclarations diverses de celle-ci : « J'ai eu la maladie de faire des livres, et d'en être honteux quand je les ai faits. » Vous aurez dès lors en quelque sorte la synthèse du *Temple de Gnide*.

Je ne dirai pas avec l'assurance sereine de Voisenon, que ce joli poème valut à son auteur de nombreuses bonnes fortunes, je croirais plutôt que c'est à une bonne fortune du Président que nous devons la construction de ce mignon petit temple, ex voto à la déesse de Paphos.

Montesquieu avait trente-quatre ans passés, lorsqu'il écrivit son livret néo-grec; bien plus, le *Temple de Gnide* aurait une clef tout aussi difficile à retrouver intacte que celles de *Liaisons dangereuses* égarée on ne sait où, et voici de quel métal ou plutôt de quel alliage cette clef serait faite.

Président à Mortier au Parlement de Bordeaux depuis 1716, très renommé déjà pour son esprit et ses talents littéraires, Montesquieu était, vers 1723, très accueilli et fêté dans tous les mondes, à la ville et à la Cour; à Chantilly surtout il avait libre accès, et c'était le beau temps de ce Chantilly que les précieuses du siècle d'avant nommaient *Chipre*, à cette époque où la duchesse de Longueville soupirait sous les berceaux de Sylvie. — Mais du temps de Montesquieu il y avait moins de préciosité et plus de marivaudage en cette princière demeure; la marquise de Prie y régnait en maîtresse, et, dans cette petite Cour brillante et libertine, on voyait au premier rang mademoiselle de Clermont, sœur du duc de Bourbon, le triste ministre de Louis XV, depuis la mort du régent.

Je pourrais ici ébaucher un roman ou une manière de conte féerique pour vous intéresser davantage, mais ce serait duper votre esprit et vous bercer comme un enfant indolent; je resterai donc précis pour ne point trop vous faire languir et mettre une borne à cette épître.

Mademoiselle de Clermont pouvait avoir vingt-sept

ans environ, au moment même où je place ce récit ; Nattier la peignit alors dans toute sa fraîcheur de nymphe, au milieu d'un groupe mythologique, où la jeunesse et l'amour s'unissent pour la servir ; je ne connais rien de plus gracieux et de plus provoquant à la fois que ce visage pétri de grâces voluptueuses dans cette allégorie grecque. Sans doute, vous connaissez ce curieux tableau, souvent reproduit par le burin des graveurs ; quoiqu'il en soit, je le déclare parfait et regrette de ne le point voir au début de ce livre, comme un hommage à l'inspiratrice de ce mignon chef-d'œuvre.

Mademoiselle de Clermont n'était pas cependant une de ces vestales idéales qui n'allument des feux que pour les activer, les entretenir et ne jamais les éteindre. C'était mieux qu'une âme, c'était un corps et un drôle de corps possédé par le diable, — l'exemple du duc de Bourbon et du comte de Clermont, ses deux frères, n'avait rien qui dût l'inciter aux pratiques d'une austère vertu. — Amie de madame de Prie, la plus spirituelle, mais aussi la plus rouée et la plus pervertie des marquises, conviée à tous les plaisirs, aux grandes chasses du jour et aux petites orgies de la nuit, frôlant des filles de l'Opéra, cueillant de toutes les bouches des anecdotes fort peu vêtues, au demeurant très hardie elle-même sur le propos, Mlle de Clermont avait déjà ouvertement fait un faux pas dans les bras du duc de Melun, mort à la suite d'un accident de chasse en juillet 1722. —Tout ceci serait peu et laisserait encore un certain duvet à ce joli visage, si l'auteur d'une *Histoire de Montesquieu* n'ajoutait, et veuillez excuser cette citation faite par amour du vrai : « Elle mangeait beaucoup, buvait trop, et tournait volontiers des couplets tels, que le roi l'avait appelée : « la *Muse merdeuse du temps* ». Les chansonniers, pour ses audaces, la nommaient : « *Écoute s'il pleut ?* »; et les courtisans par déférence : « *Son Altesse sérénissime* ».

Tout ceci est horrible, j'en conviens; mais il est à supposer que ce singulier dragon de vice portait une cuirasse de Méduse, dont le charme mystérieux fascinait. Montesquieu y fut pris comme le duc de Melun, il y fut pris de cœur et d'esprit; jusqu'à quel point, je ne le saurais dire; du baiser des lèvres aux plus grandes faveurs, il n'y a que le cheveu de l'occasion; le président était homme à le saisir et la demoiselle n'était point femme à le laisser échapper. — L'histoire garantit le baiser, et trois brouillons de lettre récemment publiés [1] montrent une intrigue heureusement couronnée. La première de ces lettres ou de ces fragments de lettres de Montesquieu à Mlle de Clermont est une déclaration très vivement conduite; la troisième évoque un très galant tête-à-tête malencontreusement interrompu par un fâcheux; pour la seconde, la plus courte, je puis vous en fournir copie : Lisez vous-même :

[1] *Histoire de Montesquieu* par Louis Vian. Paris, Didier, 1875, in-8º, p. 76 et 77.

« Cet air absolu ne m'intimide point.
Pourquoi ne vivrais-je point sous les lois de ce que j'aime ?
Je suivrai vos ordres de point en point.
Je suis fâché que vos gens n'aillent point à Versailles et que je sois obligé de vivre si près de vous, sans vous voir.
Vous m'occupez entièrement, vous faites le tourment de mon esprit, comme vous faites les délices de mon cœur.
Adieu, madame, je serais heureux si cette nuit... mais je parle inutilement de mes désirs et de mes regrets ».

Montesquieu, croyez-moi, n'en resta pas toujours aux désirs, et s'il eut par la suite à en demeurer aux regrets, ce fut, je pense, en tisonnant les cendres encore chaudes d'un feu partagé. Revenons, s'il vous plaît, à nos moutons du promontoire de la Carie, au petit temple de la Déesse dont je vous ai promis l'histoire, à cette œuvre, dont Mme du Deffant a pu dire, d'après d'Alembert : C'est l'*Apocalypse de la galanterie.*

« Le comte de Clermont et la marquise de Prie assistèrent, en 1724, à une fête burlesque et mythologique, qui eut lieu au château de Bellébat et dont Voltaire s'était fait le poète, tandis que le curé de Courdemanche, lequel avait « la tête tournée de vers et de musique » en fut le plastron. » Voltaire fit la narration de cette fête, dont les détails obscènes vous feraient rougir jusqu'à l'âme, et le galant écrivain n'eut pas honte d'en offrir un exemplaire, avec dédicace, à Mlle de Clermont. Montesquieu, indigné, n'édifia le *Temple de Gnide* que pour mettre en parallèle avec le cynisme de Voltaire, l'art fin et voilé des indé-

a.

cences licités. La *Fête de Bellébat* avait été envoyée à la sœur du duc de Bourbon, ce fut pour elle seule que le président composa ce poème en prose voluptueuse dont les petits tableaux érotiques sont brossés à la manière de Boucher et de Lancret, avec cette délicatesse de touche, cette fraîcheur de coloris qui appartiennent à l'école vraiment française des peintres des fêtes galantes.

Tout n'est qu'allusion dans ce poème jadis transparent. *Gnide* n'est-ce pas Chantilly, avec son palais, ses sous-bois ombreux, ses bosquets, ses fontaines, ses jolis petits coins où les folles rieuses jouaient à colin-maillard, aux cachettes introuvables, aux grandes volées de l'escarpolette, quand ce n'était pas à des jeux plus fripons et plus dangereux ? « Là, dit l'écrivain, les sacrifices sont des soupirs et les offrandes un cœur tendre. Chaque amant adresse ses vœux à sa maîtresse et Vénus les reçoit pour elle. » Je ne serais pas loin de reconnaître dans la Déesse, l'altière marquise de Prie :

« Cet esprit juste, gracieux,
Solide dans le sérieux
Et charmant dans les bagatelles. »

Cette hautaine favorite qui ne voulut point survivre à sa disgrâce et qui mourut comme une Cléopâtre de la Régence dans l'amertume de son exil et le désespoir de sa chute. Croyez bien que *Thémire* n'est qu'un masque de mousseline sur le visage de Mlle de Clermont et que le gnidien Montesquieu connaissait au mieux l'original d'Aristée (le président Hénault, dit-on), et des moindres personnages qu'il mit en scène. Je n'ajouterai rien pour laisser plus d'imprévu à votre lecture, car il n'est point de plaisir plus berceur que de rêver entre les lignes d'un livre voluptueux; votre imagination est déjà partie dans le pays des songes, je l'abandonne à elle-même; la folle du logis reconstruira sûrement mieux que tous les Cuvier de l'histoire les péripéties de ces défuntes amours.

Mais voici venir l'ennuyeux *bibliographe*, l'historien du livre, le grave généalogiste des éditions. Ne boudez point trop, je ferai en sorte que la leçon soit courte, très courte, et aussi peu pédante que possible. Je ne prétends point verser dans votre mémoire une charretée d'éditions de tous formats, ni dresser une momenclature des contrefaçons, des libelles et réfutations, occasionnée par le petit livre de Montesquieu. Je vous conterai tout au juste ce qu'il ne vous convient pas d'ignorer, pas de musique savante; une modeste ouverture légèrement orchestrée avant le lever du rideau.

Le *Temple de Gnide* n'était point destiné à l'impression, ce n'était qu'un argument « *ad mulierem* » et Montesquieu y avait mis plus de vanité d'amant que d'amour-propre d'auteur. Mais la curiosité au museau de fouine pénètre partout avec d'autant plus de malice qu'il y a plus de mystère et d'intrigue dans ce qu'elle veut mettre au jour. Mlle de Clermont avait à peine reçu le poème manuscrit de son poète amoureux que déjà des copies nombreuses circulaient dans la société, et bientôt vers le mois de septembre 1724, un journal paraissant à Amsterdam : la *Bibliothèque française*, publiait le texte au complet, ne désignant l'auteur que par cet entrefilet : « Cette pièce a été trop bien reçue du public pour refuser de la mettre au rang des pièces fugitives qui méritent d'être conservées ! On assure qu'elle est de la façon de celui qui nous donna les *Lettres Persanes*. »

La première édition originale parut anonyme à Paris, l'année suivante, chez le libraire Nicolas Simart, dans le format in-12, de 82 pages. Montesquieu, en dehors d'une préface que vous lirez plus loin, avait fait quelques légères retouches à son œuvre. Dans le journal de Mathieu Marais, à la date du 10 avril 1725, on retrouve la première mention de cet ouvrage : « Le *Temple de Gnide*, petit livre à demi-grec, où les allusions couvrent des obscénités à demi-nues. Imprimé avec approbation et privilège. Il a paru pendant la semaine sainte et il en a été scandalisé. On l'attribue au président de Montesquieu, de Bordeaux, auteur des *Lettres Persanes*. »

Marais était bien osé de venir parler d'obscénités, là où les Grâces seules sont souveraines. Le président cependant ne voulait pas s'avouer pour l'architecte du petit Temple ; il se défendait en homme de Parlement et en historien qui travaillait de longue main à son *Esprit des Loix*, et qui était sur le point de faire paraître les *Considérations sur la grandeur et la décadence des Romains.* « Je suis, à l'égard des ouvrages qu'on m'a attribués, écrivait-il à Moncrif, comme La Fontaine-Martel l'était pour les ridicules : on me les donne, mais je ne les prends point. » — Voyez-vous le fourbe ! jamais ce monstre de de Sade ne mit par la suite plus de passion à nier la paternité de *Justine.*

Les éditions du poème gnidien se faisaient de jour en jour plus nombreuses; à Paris, à Londres, à Leyde, il en parut avec le nom de Montesquieu mis en vedette. Lorsque, de peur de se compromettre, un père s'obstine à ne point reconnaître son bâtard, il doit craindre que celui-ci n'affiche crânement à sa majorité le nom de l'auteur de ses jours. L'histoire des livres reflète celle de la vie jusque dans cet exemple. Le président à mortier se déclara vaincu; il remania même, par un touchant retour sur le passé, le sens de sa préface, si bien qu'on peut y lire cette tendre déclaration : « A l'égard du beau sexe à qui je dois le peu de momens heureux que je puis compter dans ma vie, je souhaite de tout mon cœur que cet ouvrage puisse lui plaire : je l'adore encore, et s'il n'est plus l'objet de mes occupations, il l'est de mes regrets. »—Le désaveu de l'auteur ne pouvait être éternel, et je dois, pour être plus complet, détacher de l'*Eloge* que d'Alembert fit de Montesquieu, ce passage qui concerne le livre méconnu. Ces paroles du Grand Amoureux de Mlle de Lespinasse sont au reste très favorables au doux amant de Mlle de Clermont : « Le *Temple de Gnide* suivit d'assez près les *Lettres Persanes;* Montesquieu, après avoir été dans celles-ci Horace, Théophraste et Lucien, fut Ovide et Anacréon dans ce nouvel essai : ce n'est plus l'amour despotique de l'Orient qu'il se proposait de peindre, c'est la délicatesse et la naïveté de l'amour pastoral, tel qu'il est dans une âme neuve que le commerce des hommes n'a point encore corrompue. L'auteur, craignant peut-être qu'un tableau si étranger à nos mœurs ne parût trop languissant et trop uniforme, a cherché à l'animer par les peintures les plus riantes; il transporte le lecteur dans des lieux enchantés, dont à la vérité le spectacle intéresse peu l'amant heureux, mais dont la description flatte au moins l'imagination quand les désirs sont satisfaits. Emporté par son sujet, il a répandu dans sa prose ce style animé, figuré et poétique dont le roman de *Télémaque* a fourni parmi nous le premier modèle. Nous ignorons pourquoi quelques censeurs du *Temple de Gnide* ont dit à cette occasion *qu'il aurait eu besoin d'être en vers* : le style poétique, si on entend, comme on le doit, par ce mot, un style plein de chaleur et d'images, n'a pas besoin pour être agréable de la marche uniforme et cadencée de la versification; mais si on ne fait consister ce style que dans une diction chargée d'épithètes oisives, dans les peintures froides et triviales des ailes et du carquois de l'Amour et de semblables objets, la versification n'ajoutera presqu'aucun mérite à ces ornements usés : on y cherchera toujours en vain l'âme et la vie.

Quoi qu'il en soit, le *Temple de Gnide* étant une espèce de poème en prose, c'est à nos écrivains les plus célèbres en ce genre à fixer le rang qu'il doit occuper : il mérite de pareils juges ; nous croyons du moins que les peintures de cet ouvrage soutiendront avec succès une des principales épreuves des descriptions poétiques, celles de les représenter sur la toile. Mais ce qu'on doit surtout remarquer dans le *Temple de Gnide*, c'est qu'Anacréon même y est toujours observateur et philosophe.

Ce fut un grief contre Montesquieu que ce poème en prose. Voltaire, auteur du *Temple du goût*, s'écria : « Il est coupable de lèze poésie. » — En vérité la critique est mince, et j'estime que l'écrivain qui mit sous la plume de *Rica* cette phrase : « *Les poètes, c'est-à-dire les auteurs dont le métier est de mettre des entraves au bon sens et d'accabler la raison sous les agréments, comme on ensevelissait autrefois les femmes sous leurs parures et les ornements* », j'estime, dis-je, que ce passionné de bonne prose, fit sagement d'éviter un écueil que la médiocrité vaniteuse se permet seule de braver. — Bien plus, dans ce temps de fadeurs poétiques, Léonard et le pauvre Colardeau le devaient venger de l'ironie voltairienne, en se montrant les seuls coupables de lèze poésie.

Je ne sais plus exactement s'il ne s'est pas trouvé quelque fol pour affubler *Télémaque* en alexandrins ; mais je puis vous rappeler fort bien le ridicule de Colardeau, l'auteur des *Perfidies à la mode*, qui commit celle de travestir le *Temple de Gnide* en pauvres vers dignes tout au plus d'être découpés dans les *diablotins papillotes* et autres friandises du xviiie siècle.

Je ne vous parlerai pas de l'édition que vous allez recevoir, reproduction exacte d'un des plus merveilleux volumes du siècle dernier, l'une des raretés des plus riches cabinets d'amateurs. J'ai omis de vous dire bien des choses au cours de cette lettre hâtive, mais je sais que vous estimez les gens distraits comme de généreux caractères sans prétentions, et pour moi je pense avec le prince de Ligne que les femmes d'aujourd'hui n'ont que trop d'esprit et qu'il faudrait les arrêter. Aussi bien je m'arrête, pour mieux vous contenir. Les plus courtes leçons sont, dit-on, les meilleures; tournez le feuillet, Montesquieu vous attend pour vous faire les honneurs de son temple. — Adieu ! *Thémire*, il me faut vous quitter !

Octave Uzanne.

Paris, 20 janvier 1881.

A SA MAJESTÉ

BRITANNIQUE

SIRE,

C'est aux grands Rois qu'il appartient d'animer les grands hommes, et de protéger leurs talens; et c'est par cette protection, dont VOTRE MAJESTÉ *honore les Ecrits qui en sont dignes,*

b

qu'elle reçoit l'hommage de toutes les Nations. Celui dont j'ai tâché d'exprimer ici quelques idées, mérite, et par lui-même, et par son illustre Auteur, de paroître sous les yeux de VOTRE MAJESTÉ, et ce n'est que sous ses auspices que j'ose la supplier d'honorer cet essay d'un de ses regards, et d'agréer l'hommage de mon Cœur et de mon Burin.

Je suis avec un très-profond respect,

SIRE,

DE VOTRE MAJESTE,

le très-humble et très-obéissant serviteur,

LE MIRE.

PRÉFACE

DU

TRADUCTEUR

Un ambassadeur de France à la Porte ottomane, connu par son goût pour les lettres, ayant acheté plusieurs manuscrits grecs, il les porta en France. Quelques-uns de ces manuscrits m'étant tombés entre les mains, j'y ai trouvé l'ouvrage dont je donne ici la traduction.

Peu de Poëtes grecs sont venus jusqu'à nous, soit qu'ils aient péri dans la ruine des Bibliothèques, ou par la négligence des familles qui les possédaient.

Nous recouvrons de tems en tems quelques piéces de ces trésors. On a trouvé des ouvrages jusque dans les tombeaux de leurs auteurs; et, ce qui est à peu près la même chose, on a trouvé celui-ci parmi les livres d'un Évêque grec.

Ce Poëme ne ressemble à aucun ouvrage de ce genre que nous ayons.

Cependant les règles, que les auteurs des Poëtiques ont prises dans la nature, s'y trouvent observées.

La description de Gnide, qui est dans le premier chant, est d'autant plus heureuse qu'elle fait, pour ainsi dire, naître le Poëme; qu'elle est non pas un ornement du sujet, mais une partie du sujet même : bien différente de ces descriptions que les anciens ont tant blâmées, qui sont étrangères et recherchées :

> Purpureus latè qui splendeat, unus et alter
> Assuitur pannus.

Les épisodes du second et du troisième chant naissent aussi du sujet, et le Poëte s'est conduit avec tant d'art, que les ornemens de son Poëme en sont aussi des parties nécessaires.

Il n'y a pas moins d'art dans les quatrième et cinquième chants. Le Poëte, qui devait faire reciter à Aristée l'histoire de ses amours avec Camille, ne fait raconter au fils d'Antiloque ses avantures, que jusques au moment qu'il a vu Thémire, afin de mettre de la variété dans les récits.

L'histoire d'Aristée et de Camille est singulière, en ce qu'elle est uniquement une histoire de sentimens.

Le nœud se forme dans le sixième chant, et le dénouement se fait très-heureusement dans le septième par un seul regard de Thémire.

Le Poëte n'entre pas dans le détail du racommodement d'Aristée et de Camille : il en dit un mot, afin qu'on sache qu'il a été fait; et il n'en dit pas davantage, pour ne pas tomber dans une uniformité vicieuse.

Le dessein du Poëme est de faire voir que nous sommes heureux par les sentimens du cœur, et non pas par les plaisirs des sens; mais que notre bonheur n'est jamais si pur, qu'il ne soit troublé par les accidens.

Il faut remarquer que les chants ne sont point distingués dans la traduction : la raison en est que cette distinction ne se trouve pas dans le manuscrit grec, qui est très-ancien. On s'est contenté de mettre une note à la marge, au commencement de chaque chant.

On ne sait ni le nom de l'auteur, ni le tems auquel il a vécu: tout ce qu'on en peut dire, c'est qu'il n'est pas antérieur à Sapho, puisqu'il en parle dans son ouvrage: il y a même lieu de croire qu'il vivait avant Térence, et que ce dernier a imité un passage qui est à la fin du second chant. Car il ne paraît pas que notre auteur soit plagiaire; au lieu que Térence a volé les Grecs, jusqu'à insérer dans une seule de ses comédies deux pièces de Ménandre.

J'avais d'abord eu dessein de mettre l'original à côté de la traduction; mais on m'a conseillé d'en faire une édition à part et d'attendre les savantes notes qu'un homme d'érudition y prépare, et qui seront bientôt en état de voir le jour.

Quant à ma traduction, elle est fidèle: j'ai cru que les beautés qui n'étaient point dans mon auteur n'étaient point des beautés; et j'ai pris l'expression qui n'était pas la meilleure, lorsqu'elle m'a paru mieux rendre sa pensée.

J'ai été encouragé à cette traduction par le succès qu'a eu celle du Tasse. Celui qui l'a faite ne trouvera pas mauvais que je coure la même carrière que lui: il s'y est distingué d'une manière à ne rien craindre de ceux mêmes à qui il a donné le plus d'émulation.

PREMIER CHANT

Vénus préfère le séjour de Gnide à celui de Paphos et d'Amathonte. Elle ne descend point de l'Olympe sans venir parmi les Gnidiens. Elle a tellement accoutumé ce peuple heureux à sa vue, qu'il ne sent plus cette horreur sacrée qu'inspire la présence des Dieux. Quelquefois elle se couvre d'un nuage, et on la reconnaît à l'odeur divine qui sort de ses cheveux parfumés d'ambroisie.

La ville est au milieu d'une contrée sur laquelle les Dieux ont versé leurs bienfaits à pleines mains : on y jouit d'un printems éternel ; la terre, heureusement fertile, y prévient tous les souhaits ; les troupeaux y paissent sans nombre, les vents semblent n'y régner que pour répandre partout l'esprit des fleurs : les oiseaux y chantent sans cesse ; vous diriez que les bois sont harmonieux ; les ruisseaux murmurent dans les plaines ; une chaleur douce fait tout éclore ; l'air ne s'y respire qu'avec la volupté.

Auprès de la ville est le palais de Vénus. Vulcain lui-même en a bâti les fondemens ; il travailla pour son infidèle, quand il voulut lui faire oublier le cruel affront qu'il lui fit devant les Dieux.

Il me serait impossible de donner une idée des charmes de ce palais : il n'y a que les Grâces qui puissent décrire les choses qu'elles ont faites. L'or, l'azur, les rubis, les diamans y brillent de toutes parts... Mais j'en peins les richesses, et non pas les beautés.

Les jardins en sont enchantés : Flore et Pomone en ont pris soin ; leurs nymphes les cultivent. Les fruits y renaissent sous la main qui les cueille; les fleurs succèdent aux fruits. Quand Vénus s'y promène entourée de ses Gnidiennes, vous diriez que, dans leurs jeux folâtres, elles vont détruire ces jardins délicieux; mais, par une vertu secrète, tout se répare en un instant.

Vénus aime à voir les danses naïves des filles de Gnide. Ses nymphes se confondent avec elles. La Déesse prend part à leurs jeux; elle se dépouille de sa majesté; assise au milieu d'elles, elle voit régner dans leurs cœurs la joie et l'innocence.

On découvre de loin une grande prairie, toute parée de l'émail des fleurs. Le berger vient les cueillir avec sa bergère; mais celle qu'elle a trouvée est toujours la plus belle, et il croit que Flore l'a faite exprès.

Le fleuve Céphée arrose cette prairie, et y fait mille détours. Il arrête les bergères fugitives : il faut qu'elles donnent le tendre baiser qu'elles avaient promis.

Lorsque les nymphes approchent de ses bords, il s'arrête, et ses flots qui fuyaient trouvent des flots qui ne fuient plus. Mais, lorsqu'une d'elles se baigne, il est plus amoureux encore; ses eaux tournent autour d'elle; quelquefois il se soulève pour l'embrasser mieux; il l'enlève, il fuit, il l'entraîne. Ses compagnes timides commencent à pleurer; mais il la soutient sur ses flots; et, charmé d'un fardeau si cher, il la promène sur sa plaine liquide, jusqu'à ce qu'enfin, désespéré de la quitter, il la porte lentement sur le rivage, et console ses compagnes.

A côté de la prairie, est un bois de myrtes, dont les routes font mille détours. Les amans y viennent se conter leurs peines : l'Amour qui les amuse, les conduit par des routes toujours plus secrètes.

Non loin de là est un bois antique et sacré, où le jour n'entre qu'à peine : des chênes, qui semblent immortels, portent au ciel une tête qui se dérobe aux yeux. On y sent une frayeur religieuse : vous diriez que c'était la demeure des Dieux, lorsque les hommes n'étaient pas encore sortis de la terre.

Quand on a trouvé la lumière du jour, on monte une petite colline sur laquelle est le temple de Vénus : l'univers n'a rien de plus saint ni de plus sacré que ce lieu.

Ce fut dans ce temple que Vénus vit, pour la première fois, Adonis : le poison coula au cœur de la Déesse. « Quoi! dit-elle, j'aimerais un mortel! Hélas! je sens que je l'adore. Qu'on ne m'adresse plus de vœux; il n'y a plus à Gnide d'autre dieu qu'Adonis. »

Ce fut dans ce lieu qu'elle appela les Amours, lorsque, piquée d'un défi téméraire, elle les consulta. Elle était en doute si elle s'exposerait nue aux regards du berger troyen. Elle cacha sa ceinture sous ses cheveux; ses nymphes la parfumèrent; elle monta sur son char traîné par des cygnes, et arriva dans la Phrygie. Le berger balançait entre Junon et Pallas; il la vit, et ses regards errèrent et moururent : la pomme d'or tomba aux pieds de la Déesse; il voulut parler, et son désordre décida.

Ce fut dans ce temple que la jeune Psyché vint avec sa mère lorsque l'Amour, qui volait autour des lambris dorés, fut surpris lui-même par un de ses regards. Il sentait tous les maux qu'il fait souffrir. « C'est ainsi, dit-il, que je blesse! Je ne puis soutenir mon arc ni mes flèches. » Il tomba sur le sein de Psyché. « Ah! dit-il, je commence à sentir que je suis le dieu des plaisirs. »

Lorsqu'on entre dans ce temple, on sent dans le cœur un charme secret qu'il est impossible d'exprimer : l'âme est saisie de ces ravissemens, que les Dieux ne sentent eux-mêmes que lorsqu'ils sont dans la demeure céleste. Tout ce que la nature a de riant, est joint à tout ce que l'art a pu imaginer de plus noble et de plus digne des Dieux.

Une main, sans doute immortelle, l'a partout orné de peintures qui semblent respirer. On y voit la naissance de Vénus, le ravissement des Dieux qui la virent, son embarras de se voir toute nue, et cette pudeur qui est la première des grâces.

On y voit les amours de Mars et de la Déesse. Le peintre a représenté le Dieu sur son char, fier et même terrible : la Renommée vole autour de lui; la Peur et la Mort marchent devant ses coursiers couverts d'écume ; il entre dans la mêlée, et une poussière épaisse commence à le dérober. D'un autre côté, on le voit couché languissamment sur un lit de roses ; il sourit à Vénus : vous ne le reconnaissez qu'à quelques traits divins qui restent encore. Les Plaisirs font des guirlandes dont ils lient les deux amans : leurs yeux semblent se confondre; ils soupirent; et, attentifs l'un à l'autre, ils ne regardent pas les Amours qui se jouent autour d'eux.

Dans un appartement séparé, le peintre a

représenté les noces de Vénus et de Vulcain. Toute la cour céleste y est assemblée. Le Dieu paraît moins sombre, mais aussi pensif qu'à l'ordinaire. La Déesse regarde d'un air froid la joie commune : elle lui donne négligemment une main qui semble se dérober; elle retire de dessus lui des regards qui portent à peine, et se tourne du côté des Grâces.

Dans un autre tableau, on voit Junon qui fait la cérémonie du mariage. Vénus prend la coupe, pour jurer à Vulcain une fidélité éternelle : les Dieux sourient, et Vulcain l'écoute avec plaisir.

De l'autre côté, on voit le Dieu impatient qui entraîne sa divine épouse; elle fait tant de résistance, que l'on croirait que c'est la fille de Cérès que Pluton va ravir, si l'œil qui voit Vénus pouvait jamais se tromper.

Plus loin de là, on le voit qui l'enlève pour l'emporter sur le lit nuptial. Les Dieux suivent en foule. La Déesse se débat, et veut échapper des bras qui la tiennent. Sa robe fuit ses genoux; la toile vole ; mais Vulcain répare ce beau désordre, plus attentif à la cacher, qu'ardent à la ravir.

Enfin, on le voit qui vient de la poser sur le lit que l'Hymen a préparé : il l'enferme dans les rideaux; et il croit l'y tenir pour jamais. La troupe importune se retire : il est charmé de la voir s'éloigner. Les Déesses jouent entre elles; mais les Dieux paraissent tristes; et la tristesse de Mars a quelque chose d'aussi sombre que la noire jalousie.

Charmé de la magnificence de son temple, la Déesse elle-même y a voulu établir son culte : elle en a réglé les cérémonies, institué les fêtes; et elle y est, en même tems, la divinité et la prêtresse.

Le culte qu'on lui rend presque par toute la terre, est plutôt une profanation qu'une religion. Elle a des temples, où toutes les filles de la ville se prostituent en son honneur, et se font une dot des profits de leur dévotion. Elle en a où chaque femme mariée va, une fois en sa vie, se donner à celui qui la choisit, et jette dans le sanctuaire l'argent qu'elle a reçu. Il y en a d'autres où les courtisanes de tous les pays, plus honorées que les matrônes, vont porter leurs offrandes. Il y en a, enfin, où les hommes se font eunuques, et s'habillent en femmes, pour servir dans le sanctuaire, consacrant à la Déesse, et le sexe qu'ils n'ont plus, et celui qu'ils ne peuvent pas avoir.

Mais elle a voulu que le peuple de Gnide eût un culte plus pur, et lui rendît des honneurs plus dignes d'elle. Là, les sacrifices sont des soupirs, et les offrandes un cœur tendre. Chaque amant adresse ses vœux à sa maîtresse, et Vénus les reçoit pour elle.

Partout où se trouve la beauté, on l'adore comme Vénus même : car la beauté est aussi divine qu'elle.

Leurs cœurs amoureux viennent dans le

Temple; ils vont embrasser les autels de la Fidélité et de la Constance.

Ceux qui sont accablés des rigueurs d'une cruelle, y viennent soupirer : ils sentent diminuer leurs tourmens; ils trouvent dans leur cœur la flatteuse espérance.

La Déesse, qui a promis de faire le bonheur des vrais amans, le mesure toujours à leurs peines.

La jalousie est une passion qu'on peut avoir, mais qu'on doit taire. On adore en secret les caprices de sa maîtresse, comme on adore les décrets des Dieux, qui deviennent plus justes lorsqu'on ose s'en plaindre.

On met au rang des faveurs divines, le feu, les transports de l'amour, et la fureur même : car, moins on est maître de son cœur, plus il est à la Déesse.

Ceux qui n'ont point donné leur cœur sont des profanes, qui ne peuvent pas entrer dans le Temple : ils adressent de loin leurs vœux à la

Déesse, et lui demandent de les délivrer de cette liberté, qui n'est qu'une impuissance de former des désirs.

La Déesse inspire aux filles de la modestie : cette qualité charmante donne un nouveau prix à tous les trésors qu'elle cache.

Mais jamais, dans ces lieux fortunés, elles n'ont rougi d'une passion sincère, d'un sentiment naïf, d'un aveu tendre.

Le cœur fixe toujours lui-même le moment auquel il doit se rendre; mais c'est une profanation de se rendre sans aimer.

L'Amour est attentif à la félicité des Gnidiens : il choisit les traits dont il les blesse. Lorsqu'il voit une amante affligée, accablée des rigueurs d'un amant, il prend une flèche trempée dans les eaux du fleuve d'oubli. Quand il voit deux amans qui commencent à s'aimer, il tire sans cesse sur eux de nouveaux traits. Quand il en voit dont l'amour s'affaiblit, il le fait soudain renaître ou mourir : car il épargne toujours

les derniers jours d'une passion languissante :
on ne passe point par les dégoûts avant de cesser d'aimer; mais de plus grandes douceurs
font oublier les moindres.

L'Amour a ôté de son carquois les traits
cruels dont il blessa Phèdre et Ariane, qui, mêlés d'amour et de haine, servent à montrer sa
puissance, comme la foudre sert à faire connaître l'empire de Jupiter.

A mesure que le Dieu donne le plaisir d'aimer, Vénus y joint le bonheur de plaire.

Les filles entrent chaque jour dans le sanctuaire, pour faire leur prière à Vénus. Elles y
expriment des sentimens naïfs comme le cœur
qui les fait naître. « Reine d'Amathonte, disait
une d'elles, ma flamme pour Thirsis est éteinte :
je ne te demande pas de me rendre mon amour;
fais seulement qu'Ixiphile m'aime. »

Une autre disait tout bas : « Puissante Déesse,
donne-moi la force de cacher quelque tems

mon amour à mon berger, pour augmenter le prix de l'aveu que je veux lui en faire. »

« Déesse de Cythère, disait une autre, je cherche la solitude; les jeux de mes compagnes ne me plaisent plus. J'aime peut-être. Ah! si j'aime quelqu'un, ce ne peut être que Daphnis. »

Dans les jours de fête, les filles et les jeunes garçons viennent réciter des hymnes en l'honneur de Vénus : souvent ils chantent sa gloire, en chantant leurs amours.

Un jeune Gnidien qui tenait par la main sa maîtresse, chantait ainsi : « Amour, lorsque tu vis Psyché, tu te blessas sans doute des mêmes traits dont tu viens de blesser mon cœur : ton bonheur n'était pas différent du mien; car tu sentais mes feux, et moi j'ai senti tes plaisirs.

« J'ai vu tout ce que je décris. J'ai été à Gnide, j'y ai vu Thémire, et je l'ai aimée; je l'ai vue encore, et je l'ai aimée davantage. Je resterai toute ma vie à Gnide avec elle; et je serai le plus heureux des mortels.

« Nous irons dans le Temple; et jamais il n'y sera entré un amant si fidèle : nous irons dans le palais de Vénus; et je croirai que c'est le palais de Thémire : j'irai dans la prairie, et je cueillerai des fleurs, que je mettrai sur son sein : peut-être que je pourrai la conduire dans le bocage, où tant de routes vont se confondre; et, quand je l'aurai égarée... L'Amour qui m'inspire, me défend de révéler ses mystères. »

DEUXIÈME CHANT

Il y a à Gnide un antre sacré que les Nymphes habitent, où la Déesse rend ses oracles. La terre ne mugit point sous les pieds; les cheveux ne se dressent point sur la tête; il n'y a point de prêtresses, comme à Delphes, où Apollon agite la Pythie : mais Vénus elle-même écoute les mortels, sans se jouer de leurs espérances ni de leurs craintes.

Une coquette de l'île de Crète était venue à Gnide : elle marchait entourée de tous les jeunes Gnidiens; elle souriait à l'un, parlait à l'oreille à l'autre, soutenait son bras sur un troisième, criait à deux autres de la suivre. Elle était belle et parée avec art; le son de sa voix était imposteur comme ses yeux. O ciel! que d'alarmes ne causa-t-elle point aux vraies amantes! Elle se présenta à l'oracle, aussi fière que les Déesses; mais soudain nous entendîmes une voix qui sortait du sanctuaire : « Perfide, comment oses-tu porter tes artifices jusques dans les lieux où je règne avec la candeur? Je vais te punir d'une manière cruelle; je t'ôterai tes charmes, mais je te laisserai le cœur comme il est. Tu appelleras tous les hommes que tu verras; ils te fuieront comme une ombre plaintive; et tu mourras accablée de refus et de mépris. »

Une courtisane de Nocrétis vint ensuite, toute brillante des dépouilles de ses amans : « Va, dit la Déesse, tu te trompes, si tu crois faire la gloire de mon empire : ta beauté fait voir qu'il y a des plaisirs; mais elle ne les donne pas. Ton cœur est comme le fer; et, quand tu verrais mon fils même, tu ne saurais l'aimer. Va prodiguer tes faveurs aux hommes lâches qui les demandent, et qui s'en dégoûtent; va leur montrer des charmes que l'on voit soudain, et que l'on perd pour toujours. Tu n'es propre qu'à faire mépriser ma puissance. »

Quelque temps après, vint un homme riche, qui levait les tributs du roi de Lydie. « Tu me demandes, dit la Déesse, une chose que je ne saurais faire, quoique je sois la Déesse de l'amour. Tu achètes des beautés, pour les aimer; mais tu ne les aimes pas, parce que tu les achètes. Tes trésors ne te seront point inutiles; ils serviront à te dégoûter de tout ce qu'il y a de plus charmant dans la nature. »

Un jeune homme de Doride, nommé Aristée, se présenta ensuite. Il avait vu à Gnide la charmante Camille; il en était éperdûment amoureux : il sentait tout l'excès de son amour; et il venait demander à Vénus qu'il pût l'aimer davantage.

« Je connais ton cœur, lui dit la Déesse : tu sais aimer. J'ai trouvé Camille digne de toi : j'aurais pu la donner au plus grand roi du monde ; mais les rois la méritent moins que les bergers. »

Je parus ensuite avec Thémire. La Déesse me dit : « Il n'y a point, dans mon empire, de mortel qui me soit plus soumis que toi. Mais que veux-tu que je fasse? Je ne saurais te rendre plus amoureux, ni Thémire plus charmante. — Ah! lui dis-je, grande Déesse, j'ai mille grâces à vous demander : faites que Thémire ne pense qu'à moi, qu'elle ne voie que moi, qu'elle se réveille en songeant à moi ; qu'elle craigne de me perdre quand je suis présent, qu'elle m'espère dans mon absence; que, toujours charmée de me voir, elle regrette encore tous les momens qu'elle a passés sans moi. »

TROISIÈME CHANT

Il y a à Gnide des jeux sacrés, qui se renouvellent tous les ans : les femmes y viennent, de toutes parts, disputer le prix de la beauté. Là, les bergères sont confondues avec les filles des rois; car la beauté seule y porte les marques de l'empire. Vénus y préside elle-même : elle décide sans balancer; elle sait bien qu'elle est la mortelle heureuse qu'elle a le plus favorisée.

Hélène remporta ce prix plusieurs fois : elle triompha lorsque Thésée l'eut ravie; elle triompha lorsqu'elle eût été enlevée par le fils de Priam; elle triompha enfin, lorsque les Dieux l'eurent rendue à Ménélas, après dix ans d'espérance. Ainsi ce prince, au jugement de Vénus même, se vit aussi heureux époux, que Thésée et Pâris avaient été heureux amans.

Il vint trente filles de Corinthe, dont les cheveux tombaient à grosses boucles sur les épaules. Il en vint dix de Salamine, qui n'avaient encore vu que treize fois le cours du soleil. Il en vint quinze de l'île de Lesbos; et elles se disaient l'une à l'autre: « Je me sens toute émue; il n'y a rien de si charmant que vous : si Vénus vous voit des mêmes yeux que moi, elle vous couronnera au milieu de toutes les beautés de l'univers. »

Il vint cinquante femmes de Milet. Rien n'approchait de la blancheur de leur teint et de la régularité de leurs traits : tout faisait voir ou promettait un beau corps; et les Dieux qui les formèrent n'auraient rien fait de plus digne d'eux, s'ils n'avaient plus cherché à leur donner des perfections que des grâces.

Il vint cent femmes de l'île de Chypre. « Nous avons, disaient-elles, passé notre jeunesse dans le temple de Vénus ; nous lui avons consacré notre virginité et notre pudeur même. Nous ne rougissons point de nos charmes ; nos manières, quelquefois hardies et toujours libres, doivent nous donner de l'avantage sur une pudeur qui s'alarme sans cesse. »

Je vis les filles de la superbe Lacédémone. Leur robe était ouverte par les côtés, depuis la ceinture, de la manière la plus immodeste ; et cependant elles faisaient les prudes, et soutenaient qu'elles ne violaient la pudeur que par amour pour la patrie.

Mer fameuse par tant de naufrages, vous savez conserver des dépôts précieux. Vous vous calmâtes, lorsque le navire Argo porta la Toison d'or sur votre plaine liquide ; et lorsque cinquante beautés sont parties de Colchos et se sont confiées à vous, vous vous êtes courbée sous elles !

Je vis aussi Oriane, semblable aux Déesses. Toutes les beautés de Lydie entouraient leur reine. Elle avait envoyé devant elle cent jeunes filles qui avaient présenté à Vénus une offrande de deux cents talens. Candaule était venu lui-même, plus distingué par son amour que par la pourpre royale : il passait les jours et les nuits à dévorer de ses regards les charmes d'Oriane : ses yeux erraient sur son beau corps, et ses yeux ne se lassaient jamais. « Hélas! disait-il, je suis heureux; mais c'est une chose qui n'est sue que de Vénus et de moi : mon bonheur serait plus grand s'il donnait de l'envie. Belle reine, quittez ces vains ornemens; faites tomber cette toile importune; montrez-vous à l'univers; laissez le prix de la beauté, et demandez des autels. »

Auprès de là étaient vingt Babyloniennes : elles avaient des robes de pourpre brodées d'or; elles croyaient que leur luxe augmentait leur prix. Il y en avait qui portaient, pour preuve de leur beauté, les richesses qu'elle leur avait fait acquérir.

Plus loin, je vis cent femmes d'Égypte, qui avaient les yeux et les cheveux noirs. Leurs maris étaient auprès d'elles, et ils disaient: « Les lois nous soumettent à vous en l'honneur d'Isis; mais votre beauté a sur nous un empire plus fort que celui des lois; nous vous obéissons avec le même plaisir que l'on obéit aux Dieux; nous sommes les plus heureux des esclaves de l'univers.

« Le devoir vous répond de notre fidélité; mais il n'y a que l'amour qui puisse nous promettre la vôtre.

« Soyez moins sensibles à la gloire que vous acquerrez à Gnide, qu'aux hommages que vous pourrez trouver dans votre maison, auprès d'un mari tranquille, qui, pendant que vous vous occupez des affaires du dehors, doit attendre, dans le sein de votre famille, le cœur que vous lui rapportez. »

Il vint des femmes de cette ville puissante qui envoie ses vaisseaux au bout de l'univers : les ornemens fatiguaient leur tête superbe; toutes les parties du monde semblaient avoir contribué à leur parure.

Dix beautés vinrent des lieux où commence le jour : elles étaient filles de l'Aurore; et, pour la voir, elles se levaient tous les jours avant elle. Elles se plaignaient du Soleil, qui faisait disparaître leur mère; elles se plaignaient de leur mère, qui ne se montrait à elles que comme au reste des mortels.

Je vis, sous une tente, une reine d'un peuple des Indes. Elle était entourée de ses filles, qui déjà faisaient espérer les charmes de leur mère: des eunuques la servaient, et leurs yeux regardaient la terre; car, depuis qu'ils avaient respiré l'air de Gnide, ils avaient senti redoubler leur affreuse mélancolie.

Les femmes de Cadix, qui sont aux extrémités de la terre, disputèrent aussi le prix. Il n'y a point de pays dans l'univers où une belle ne reçoive des hommages; mais il n'y a que les plus grands hommages qui puissent apaiser l'ambition d'une belle.

Les filles de Gnide parurent ensuite. Belles sans ornemens, elles avaient des grâces au lieu de perles et de rubis. On ne voyait sur leur tête que les présens de Flore; mais ils y étaient plus dignes des embrassemens de Zéphir. Leur robe n'avait d'autre mérite que celui de marquer une taille charmante, et d'avoir été filées de leurs propres mains.

Parmi toutes ces beautés, on ne vit point la jeune Camille. Elle avait dit : « Je ne veux point disputer le prix de la beauté; il me suffit que mon cher Aristée me trouve belle. »

Diane rendait ces jeux célèbres par sa présence. Elle n'y venait point disputer le prix; car les Déesses ne se comparent point aux mortelles. Je la vis seule; elle était belle comme Vénus : je la vis auprès de Vénus; elle n'était plus que Diane.

Il n'y eut jamais un si grand spectacle : les peuples étaient séparés des peuples ; les yeux erraient de pays en pays, depuis le couchant jusqu'à l'aurore : il semblait que Gnide fût tout l'univers.

Les Dieux ont partagé la beauté entre les nations, comme la nature l'a partagée entre les Déesses. Là, on voyait la beauté fière de Pallas ; ici, la grandeur et la majesté de Junon ; plus loin, la simplicité de Diane, la délicatesse de Thétis, le charme des Grâces, et quelquefois le sourire de Vénus.

Il semblait que chaque peuple eût une manière particulière d'exprimer sa pudeur, et que toutes ces femmes voulussent se jouer des yeux : les unes découvraient la gorge et cachaient leurs épaules ; les autres montraient leurs épaules et couvraient la gorge ; celles qui vous dérobaient le pied, vous payaient par d'autres charmes ; et là on rougissait de ce qu'ici on appelait bienséance.

Les Dieux sont si charmés de Thémire, qu'ils ne la regardent jamais sans sourire de leur ouvrage. De toutes les Déesses, il n'y a que Vénus qui la voie avec plaisir, et que les Dieux ne raillent point d'un peu de jalousie.

Comme on remarque une rose au milieu des fleurs qui naissent dans l'herbe, on distingua Thémire de tant de belles. Elles n'eurent pas le tems d'être ses rivales : elles furent vaincues avant de la craindre. Dès qu'elle parut, Vénus ne regarda qu'elle. Elle appela les Grâces : « Allez la couronner, leur dit-elle : de toutes les beautés que je vois, c'est la seule qui vous ressemble. »

Car. Eisen del.   N. le Mire Sculp.

QUATRIÈME CHANT

Pendant que Thémire était occupée avec ses compagnes au culte de la Déesse, j'entrai dans un bois solitaire : j'y trouvai le tendre Aristée. Nous nous étions vus le jour que nous allâmes consulter l'oracle; c'en fut assez pour nous engager à nous entretenir; car Vénus met dans le cœur, en la présence d'un habitant de Gnide, le charme secret que trouvent deux amis, lorsqu'après une longue absence ils sentent dans leurs bras le doux objet de leurs inquiétudes.

Ravis l'un de l'autre, nous sentîmes que

notre cœur se donnait; il semblait que la tendre amitié était descendue du ciel, pour se placer au milieu de nous. Nous nous racontâmes mille choses de notre vie. Voici, à peu près, ce que je lui dis :

« Je suis né à Sybaris, où mon père Antiloque était prêtre de Vénus. On ne met point, dans cette ville, de différence entre les voluptés et les besoins; on bannit tous les arts qui pourraient troubler un sommeil tranquille; on donne des prix, aux dépens du public, à ceux qui peuvent découvrir des voluptés nouvelles; les citoyens ne se souviennent que des bouffons qui les ont divertis, et ont perdu la mémoire des magistrats qui les ont gouvernés.

« On y abuse de la fertilité du terroir, qui y produit une abondance éternelle; et les faveurs des Dieux sur Sybaris ne servent qu'à encourager le luxe et flatter la mollesse.

« Les hommes sont si efféminés, leur parure est si semblable à celle des femmes, ils com-

posent si bien leur teint, ils se frisent avec tant
d'art, ils emploient tant de tems à se corriger
à leur miroir, qu'il semble qu'il n'y ait qu'un
sexe dans toute la ville.

« Les femmes se livrent au lieu de se rendre :
chaque jour voit finir les désirs et les espérances
de chaque jour; on ne sait ce que c'est que
d'aimer et d'être aimé; on n'est occupé que de
ce qu'on appelle si faussement jouir.

« Les faveurs n'y ont que leur réalité propre;
et toutes ces circonstances qui les accompagnent
si bien, tous ces riens qui sont d'un si grand
prix, ces engagemens qui paraissent toujours
plus grands, ces petites choses qui valent tant,
tout ce qui prépare un heureux moment, tant de
conquêtes au lieu d'une, tant de jouissances avant
la dernière, tout cela est inconnu à Sybaris.

« Encore si elles avaient la moindre modestie,
cette faible image de la vertu pourrait plaire;
mais non, les yeux sont accoutumés à tout voir,
et les oreilles à tout entendre.

« Bien loin que la multiplicité des plaisirs donne aux Sybarites plus de délicatesse, ils ne peuvent plus distinguer un sentiment d'avec un sentiment.

« Ils passent leur vie dans une joie purement extérieure; ils quittent un plaisir qui leur déplaît, pour un plaisir qui leur déplaira encore; tout ce qu'ils imaginent est un nouveau sujet de dégoût.

« Leur âme, incapable de sentir les plaisirs, semble n'avoir de délicatesse que pour les peines : un citoyen fut fatigué, toute une nuit, d'une rose qui s'était repliée dans son lit.

« La mollesse a tellement affaibli leurs corps, qu'ils ne sauraient remuer les moindres fardeaux; ils peuvent à peine se soutenir sur leurs pieds; les voitures les plus douces les font évanouir; lorsqu'ils sont dans les festins, l'estomac leur manque à tous les instans.

« Ils passent leur vie sur des siéges renversés, sur lesquels ils sont obligés de se reposer tout le jour, sans s'être fatigués; ils sont brisés, quand ils vont languir ailleurs.

« Incapables de porter le poids des armes, timides devant leurs concitoyens, lâches devant les étrangers, ils sont des esclaves tout prêts pour le premier maître.

« Dès que je sus penser, j'eus du dégoût pour la malheureuse Sybaris. « J'aime la vertu; et j'ai
« toujours craint les Dieux immortels. Non, di-
« sais-je, je ne respirerai pas plus longtems cet
« air empoisonné : tous ces esclaves de la mol-
« lesse sont faits pour vivre dans leur patrie, et
« moi pour la quitter. »

« J'allai, pour la dernière fois, au Temple; et, m'approchant des autels où mon père avait tant de fois sacrifié : « Grande Déesse, dis-je à
« haute voix, j'abandonne ton Temple, et non
« pas ton culte : en quelque lieu de la terre que
« je sois, je ferai fumer pour toi de l'encens;
« mais il sera plus pur que celui qu'on t'offre à
« Sybaris. »

« Je partis et j'arrivai en Crète. Cette île est toute pleine de monumens de la fureur de l'Amour. On y voit le taureau d'airain, ouvrage de Dédale, pour tromper ou pour satisfaire les égaremens de Pasiphaé; le labyrinthe, dont l'Amour seul sut éluder l'artifice; le tombeau d'une Phèdre, qui étonna le Soleil, comme avait fait sa mère; et le temple d'Ariane qui, désolée dans les déserts, abandonnée par un ingrat, ne se repentait pas encore de l'avoir suivi.

« On y voit le palais d'Idoménée, dont le retour ne fut pas plus heureux que celui des autres capitaines grecs : car ceux qui échappèrent aux dangers d'un élément colère, trouvèrent leur maison plus funeste encore : Vénus irritée leur fit embrasser des épouses perfides; et ils moururent de la main qu'ils croyaient la plus chère.

« Je quittai cette île, si odieuse à une Déesse qui devait faire quelque jour la félicité de ma vie.

« Je me rembarquai; et la tempête me jeta à Lesbos. C'est encore une île peu chérie de Vénus : elle a ôté la pudeur du visage des femmes, la faiblesse de leur corps, et la timidité de leur âme. Grande Vénus, laisse brûler les femmes de Lesbos d'un feu légitime; épargne à la nature humaine tant d'horreurs !

« Mitylène est la capitale de Lesbos; c'est la patrie de la tendre Sapho. Immortelle comme les Muses, cette fille infortunée brûle d'un feu qu'elle ne peut éteindre. Odieuse à elle-même, trouvant ses ennuis dans ses charmes, elle hait son sexe, et le cherche toujours. « Comment, « dit-elle, une flamme si vaine peut-elle être si « cruelle? Amour, tu es cent fois plus redoutable « quand tu te joues, que quand tu t'irrites. »

« Enfin je quittai Lesbos, et le sort me fit trouver une île plus profane encore; c'était celle de Lemnos. Vénus n'y a plus de temple : jamais les Lemniens ne lui adressèrent de vœux.

« Nous rejetons, disent-ils, un culte qui amollit

les cœurs. » La Déesse les en a souvent punis : mais sans expier leur crime, ils en portent la peine ; toujours plus impies à mesure qu'ils sont plus affligés.

« Je me remis en mer, cherchant toujours quelque terre chérie des Dieux ; les vents me portèrent à Délos. Je restai quelques mois dans cette île sacrée. Mais soit que les Dieux nous préviennent quelquefois sur ce qui nous arrive, soit que notre âme retienne de la Divinité, dont elle est émanée, quelque faible connaissance de l'avenir, je sentis que mon destin, que mon bonheur même m'appelaient dans un autre pays.

« Une nuit que j'étais dans cet état tranquille, où l'âme, plus à elle-même, semble être délivrée de la chaîne qui la tient assujettie, il m'apparut, je ne sus pas d'abord si c'était une mortelle, ou une déesse. Un charme secret était répandu sur toute sa personne : elle n'était point belle comme Vénus, mais elle était ravissante comme elle : tous ses traits n'étaient point réguliers, mais ils enchantaient tous ensemble : vous n'y trouviez point ce qu'on admire, mais ce qui pique : ses cheveux tombaient négligemment sur ses épaules, mais cette négligence était heureuse : sa taille était charmante; elle avait cet air que la nature donne seule, et dont elle cache le secret aux peintres mêmes. Elle vit mon étonnement; elle en sourit. Dieux! quel souris! « Je suis, me dit-elle « d'une voix qui pénétrait le cœur, la seconde « des Grâces : Vénus, qui m'envoie, veut te « rendre heureux; mais il faut que tu ailles l'a- « dorer dans son Temple de Gnide. » Elle fuit; mes bras la suivirent : mon songe s'envola avec elle; et il ne me resta qu'un doux regret de ne la plus voir, mêlé du plaisir de l'avoir vue.

« Je quittai donc l'île de Délos : j'arrivai à Gnide. Je puis dire que d'abord je respirai l'amour. Je sentis, je ne puis pas bien exprimer ce que je sentis. Je n'aimais pas encore, mais

je cherchais à aimer : mon cœur s'échauffait comme dans la présence de quelque beauté divine. J'avançai, et je vis de loin des jeunes filles qui jouaient dans la prairie : je fus d'abord entraîné vers elles. « Insensé que je suis ! disais-je :
« j'ai, sans aimer, tous les égaremens de l'amour :
« mon cœur vole déjà vers des objets inconnus;
« et ces objets lui donnent de l'inquiétude. »
J'approchai : je vis la charmante Thémire. Sans doute que nous étions faits l'un pour l'autre. Je ne regardai qu'elle ; et je crois que je serais mort de douleur, si elle n'avait tourné sur moi quelques regards. « Grande Vénus, m'écriai-je,
« puisque vous devez me rendre heureux, faites
« que ce soit avec cette bergère : je renonce à
« toutes les autres beautés ; elle seule peut rem-
« plir vos promesses et tous les vœux que je ferai
« jamais. »

CINQUIÈME CHANT

Je parlais encore au jeune Aristée de mes tendres amours; ils lui firent soupirer les siens; je soulageai son cœur, en le priant de me les raconter. Voici ce qu'il me dit; je n'oublierai rien, car je suis inspiré par le même Dieu qui le faisait parler :

« Dans tout ce récit, vous ne trouverez rien que de très-simple : mes aventures ne sont que les sentimens d'un cœur tendre, que mes plaisirs, que mes peines; et, comme mon amour pour Camille fait le bonheur, il fait aussi toute l'histoire de ma vie.

« Camille est fille d'un des principaux habitans de Gnide. Elle est belle; elle a une physionomie qui va se peindre dans tous les cœurs; les femmes qui font des souhaits, demandent aux Dieux les grâces de Camille; les hommes qui la voient veulent la voir toujours, ou craignent de la voir encore.

« Elle a une taille charmante, un air noble, mais modeste, des yeux vifs et tout prêts à être tendres, des traits faits exprès l'un pour l'autre, des charmes invisiblement assortis pour la tyrannie des cœurs.

« Camille ne cherche point à se parer; mais elle est mieux parée que les autres femmes.

« Elle a un esprit que la nature refuse presque toujours aux belles. Elle se prête également aux sérieux et à l'enjouement. Si vous voulez, elle pensera sensément; si vous voulez, elle badinera comme les Grâces.

« Plus on a d'esprit, plus on en trouve à Camille. Elle a quelque chose de si naïf, qu'il semble qu'elle ne parle que le langage du cœur. Tout ce qu'elle dit, tout ce qu'elle fait, a les charmes de la simplicité ; vous trouvez toujours une bergère naïve. Des grâces si légères, si fines, si délicates, se font remarquer, mais se font encore mieux sentir.

« Avec tout cela, Camille m'aime : elle est ravie quand elle me voit ; elle est fâchée quand je la quitte ; et, comme si je pouvais vivre sans elle, elle me fait promettre de revenir. Je lui dis toujours que je l'aime, elle me croit : je lui dis que je l'adore, elle le sait ; mais elle est ravie, comme si elle ne le savait pas. Quand je lui dis qu'elle fait la félicité de ma vie, elle me dit que je fais le bonheur de la sienne. Enfin, elle m'aime tant, qu'elle me ferait presque croire que je suis digne de son amour.

« Il y avait un mois que je voyais Camille, sans oser lui dire que je l'aimais, et sans oser presque me le dire à moi-même : plus je la trouvais aimable, moins j'espérais d'être celui qui la rendrait sensible. Camille, tes charmes me touchaient ; mais ils me disaient que je ne te méritais pas.

« Je cherchais partout à t'oublier ; je voulais effacer de mon cœur ton adorable image. Que je suis heureux ! je n'ai pu y réussir ; cette image y est restée, et elle y vivra toujours.

« Je dis à Camille : « J'aimais le bruit du « monde, et je cherche la solitude ; j'avais des « vues d'ambition, et je ne désire plus que ta « présence ; je voulais errer sous des climats « reculés, et mon cœur n'est plus citoyen que « des lieux où tu respires : tout ce qui n'est point « toi s'est évanoui de devant mes yeux. »

« Quand Camille m'a parlé de sa tendresse, elle a encore quelque chose à me dire ; elle croit avoir oublié ce qu'elle m'a juré mille fois. Je suis si charmé de l'entendre, que je feins quelquefois de ne la pas croire, pour qu'elle touche encore mon cœur: bientôt règne entre nous ce doux silence, qui est le plus tendre langage des amans.

« Quand j'ai été absent de Camille, je veux lui rendre compte de ce que j'ai pu voir ou entendre : « De quoi m'entretiens-tu ? me dit-elle ; « parle-moi de nos amours : ou, si tu n'as rien « pensé, si tu n'as rien à me dire, cruel, laisse- « moi parler. »

« Quelquefois elle me dit en m'embrassant : « Tu es triste. — Il est vrai, lui dis-je ; mais la « tristesse des amans est délicieuse ; je sens « couler mes larmes, et je ne sais pourquoi, « car tu m'aimes ; je n'ai point de sujet de me « plaindre, et je me plains : ne me retire point « de la langueur où je suis ; laisse-moi soupirer « en même tems mes peines et mes plaisirs.

« Dans les transports de l'amour, mon âme « est trop agitée ; elle est entraînée vers son bon- « heur sans en jouir : au lieu qu'à présent je goûte « ma tristesse même. N'essuie point mes larmes :

« qu'importe que je pleure, puisque je suis heu-
« reux ?

« Quelquefois Camille me dit : « Aime-moi.
« — Oui, je t'aime. — Mais comment m'aimes-
« tu ? — Hélas ! lui dis-je, je t'aime comme je
« t'aimais : car je ne puis comparer l'amour que
« j'ai pour toi, qu'à celui que j'ai eu pour toi-
« même. »

« J'entends louer Camille par tous ceux qui la connaissent : ces louanges me touchent comme si elles m'étaient personnelles, et j'en suis plus flatté qu'elle-même.

« Quand il y a quelqu'un avec nous, elle parle avec tant d'esprit, que je suis enchanté de ses moindres paroles ; mais j'aimerais encore mieux qu'elle ne dît rien.

« Quand elle fait des amitiés à quelqu'un, je voudrais être celui à qui elle fait des amitiés, quand tout-à-coup je fais réflexion que je ne serais point aimé d'elle.

« Prends garde, Camille, aux impostures des

amans. Ils te diront qu'ils t'aiment; et ils diront vrai : ils te diront qu'ils t'aiment autant que moi; mais je jure par les Dieux, que je t'aime davantage.

« Quand je l'aperçois de loin, mon esprit s'égare : elle approche, et mon cœur s'agite : j'arrive auprès d'elle, et il me semble que mon âme veut me quitter, que cette âme est à Camille, et qu'elle va l'animer.

« Quelquefois je veux lui dérober une faveur; elle me la refuse, et dans un instant elle m'en accorde une autre. Ce n'est point un artifice : combattue par sa pudeur et son amour, elle voudrait me tout refuser, elle voudrait pouvoir me tout accorder.

« Elle me dit : « Ne vous suffit-il pas que je « vous aime? que pouvez-vous désirer après mon « cœur? — Je désire, lui dis-je, que tu fasses « pour moi une faute que l'amour fait faire, et « que le grand amour justifie.

« Camille, si je cesse un jour de t'aimer, puisse

« la Parque se tromper, et prendre ce jour pour
« le dernier de mes jours! Puisse-t-elle effacer le
« reste d'une vie que je trouverais déplorable,
« quand je me souviendrais des plaisirs que j'ai
« eus en aimant. »

Aristée soupira et se tut; et je vis bien qu'il ne cessa de parler de Camille que pour penser à elle.

SIXIÈME CHANT

Pendant que nous parlions de nos amours, nous nous égarâmes; et, après avoir erré longtems, nous entrâmes dans une grande prairie. Nous fûmes conduits, par un chemin de fleurs, au pied d'un rocher affreux. Nous vîmes un antre obscur; nous y entrâmes, croyant que c'était la demeure de quelque mortel. O Dieux! qui aurait pensé que ce lieu eût été si funeste? A peine y eus-je mis le pied, que tout mon corps frémit, mes cheveux se dressèrent sur la tête. Une main invisible m'entraînait dans ce fatal séjour : à mesure que mon cœur s'agitait, il cherchait à s'agiter encore. « Ami, m'écriai-je, entrons plus avant, dussions-nous voir augmenter nos peines. » J'avance dans ce lieu, où jamais le soleil n'entra, et que les vents n'agitèrent jamais. J'y vis la Jalousie. Son aspect était plus sombre que terrible; la Pâleur, la Tristesse, le Silence l'entouraient, et les Ennuis volaient autour d'elle. Elle souffla sur nous, elle nous mit la main sur le cœur, elle nous frappa sur la tête; et nous ne vîmes, nous n'imaginâmes plus que des monstres. « Entrez plus avant, nous dit-elle, malheureux mortels; allez trouver une Déesse plus puissante que moi. » Nous vîmes une affreuse divinité, à la lueur des langues enflammées des serpens qui sifflaient sur sa tête : c'était la Fureur. Elle détacha un de ses serpens, et le jeta sur moi : je voulus le prendre; déjà, sans que je l'eusse senti, il s'était glissé dans mon cœur. Je restai un moment comme stupide; mais, dès que le poison se fut répandu dans mes veines, je crus être au milieu des enfers : mon âme fut

SIXIÈME CHANT

embrasée, et, dans sa violence, tout mon corps la contenait à peine : j'étais si agité, qu'il me semblait que je tournais sous le fouet des Furies. Nous nous abandonnâmes à nos transports; nous fîmes cent fois le tour de cet antre épouvantable : nous allions de la Jalousie à la Fureur, et de la Fureur à la Jalousie. Nous criions : « Thémire ! » Nous criions : « Camille ! » Si Thémire ou Camille étaient venues, nous les aurions déchirées de nos propres mains.

Enfin nous trouvâmes la lumière du jour; elle nous parut importune, et nous regrettâmes presque l'antre affreux que nous avions quitté. Nous tombâmes de lassitude; et ce repos même nous parut insupportable. Nos yeux nous refusèrent des larmes, et notre cœur ne put plus former de soupirs.

Je fus pourtant un moment tranquille : le sommeil commençait à verser sur moi ses doux pavots. Oh Dieux! ce sommeil même devint cruel. J'y voyais des images plus terribles pour moi que les pâles ombres : je me réveillais à chaque instant sur une infidélité de Thémire; je la voyais. ... Non, je n'ose encore le dire; et ce que j'imaginais seulement pendant la veille, je le trouvais réel dans les horreurs de cet affreux sommeil.

« Il faudra donc, dis-je en me levant, que je fuie également les ténèbres et la lumière! Thémire, la cruelle Thémire m'agite comme les Furies. Qui l'eût cru, que mon bonheur serait de l'oublier pour jamais! »

Un accès de fureur me reprit: « Ami, m'écriai-je, lève-toi. Allons exterminer les troupeaux qui paissent dans cette prairie : poursuivons ces bergers, dont les amours sont si paisibles. Mais, non : je vois de loin un temple; c'est peut-être celui de l'Amour: allons le détruire, allons briser sa statue, et lui rendre nos fureurs redoutables. » Nous courûmes, et il semblait que l'ardeur de commettre un crime nous donnât des forces nouvelles : nous traversâmes les bois, les prés, les guérets; nous ne fûmes pas arrêtés un instant : une colline s'élevait en vain, nous y montâmes; nous entrâmes dans le temple : il était consacré à Bacchus. Que la puissance des Dieux est grande ! Notre fureur fut aussitôt calmée. Nous nous regardâmes, et nous vîmes avec surprise le désordre où nous étions.

« Grand Dieu, m'écriai-je, je te rends moins grâces d'avoir apaisé ma fureur, que de m'avoir épargné un grand crime. » Et, m'approchant de la prêtresse : « Nous sommes aimés du Dieu que vous servez ; il vient de calmer les transports dont nous étions agités : à peine sommes-nous entrés dans ce lieu, que nous avons senti sa faveur présente; nous voulons lui faire un sacrifice. Daignez l'offrir pour nous, divine prêtresse.» J'allai chercher une victime, et je l'apportai à ses pieds.

Pendant que la prêtresse se préparait à donner le coup mortel, Aristée prononça ces paroles : « Divin Bacchus, tu aimes à voir la joie sur le visage des hommes; nos plaisirs sont un culte pour toi; et tu ne veux être adoré que par les mortels les plus heureux.

« Quelquefois tu égares doucement notre raison : mais, quand quelque Divinité cruelle nous l'a ôtée, il n'y a que toi qui puisses nous la rendre.

« La noire Jalousie tient l'Amour sous son esclavage; mais tu lui ôtes l'empire qu'elle prend sur nos cœurs, et tu la fais rentrer dans sa demeure affreuse. »

Après que le sacrifice fut fait, tout le peuple s'assembla autour de nous; et je racontai à la prêtresse comment nous avions été tourmentés dans la demeure de la Jalousie. Et tout-à-coup nous entendîmes un grand bruit, et un mélange confus de voix et d'instrumens de musique. Nous sortîmes du temple, et nous vîmes arriver une troupe de Bacchantes qui frappaient la terre de leurs thyrses, criant à haute voix : « Evohé ». Le vieux Silène suivait, monté sur son âne: sa tête semblait chercher la terre; et, sitôt qu'on abandonnait son corps, il se balançait comme par mesure. La troupe avait le visage barbouillé de lie. Pan paraissait ensuite avec sa flûte, et les Satyres entouraient leur Roi. La joie régnait avec le désordre; une folie aimable mêlait ensemble les jeux, les railleries, les danses, les chansons. Enfin, je vis Bacchus : il était sur son char traîné par des tigres, tel que le Gange le vit au bout de l'univers, portant partout la joie et la victoire.

A ses côtés était la belle Ariane. Princesse, vous vous plaigniez encore de l'infidélité de Thésée, lorsque le Dieu prit votre couronne et la plaça dans le ciel. Il essuya vos larmes. Si vous n'aviez pas cessé de pleurer, vous auriez rendu un Dieu plus malheureux que vous, qui n'étiez qu'une mortelle. Il vous dit : « Aimez-moi. Thésée fuit; ne vous souvenez plus de son amour, oubliez jusqu'à sa perfidie. Je vous rends immortelle, pour vous aimer toujours. »

Je vis Bacchus descendre de son char; je vis descendre Ariane; elle entra dans le temple. « Aimable Dieu, s'écria-t-elle, restons dans ces lieux, et soupirons-y nos amours. Faisons jouir ce doux climat d'une joie éternelle. C'est auprès de ces lieux que la reine des cœurs a posé son empire : que le Dieu de la joie règne auprès d'elle, et augmente le bonheur de ces peuples déjà si fortunés.

« Pour moi, grand Dieu, je sens déjà que je t'aime davantage. Quoi! tu pourrais quelque jour me paraître encore plus aimable! Il n'y a que les Immortels qui puissent aimer à l'excès, et aimer toujours davantage; il n'y a qu'eux qui obtiennent plus qu'ils n'espèrent, et qui sont plus bornés quand ils désirent que quand ils jouissent.

« Tu seras ici mes éternelles amours. Dans le ciel, on n'est occupé que de sa gloire; ce n'est que sur la terre et dans les lieux champêtres, que l'on sait aimer. Et, pendant que cette troupe se livrera à une joie insensée, ma joie, mes soupirs et mes larmes mêmes, te rediront sans cesse mes amours. »

Le Dieu sourit à Ariane; il la mena dans le sanctuaire. La joie s'empara de nos cœurs; nous sentîmes une émotion divine. Saisis des égaremens de Silène et des transports des Bacchantes, nous prîmes un thyrse, et nous nous mêlâmes dans les danses et dans les concerts.

Car. Eizen del.   N. le Mire sculp.

SEPTIÈME CHANT

Nous quittâmes les lieux consacrés à Bacchus; mais bientôt nous crûmes sentir que nos maux n'avaient été que suspendus. Il est vrai que nous n'avions point cette fureur qui nous avait agités; mais la sombre tristesse avait saisi notre âme, et nous étions dévorés de soupçons et d'inquiétudes.

Il nous semblait que les cruelles Déesses ne nous avaient agités, que pour nous faire pressentir des malheurs auxquels nous étions destinés.

Quelquefois nous regrettions le temple de

Bacchus; bientôt nous étions entraînés vers celui de Gnide : nous voulions voir Thémire et Camille, ces objets puissans de notre amour et de notre jalousie.

Mais nous n'avions aucune de ces douceurs que l'on a coutume de sentir lorsque, sur le point de revoir ce qu'on aime, l'âme est déjà ravie, et semble goûter d'avance tout le bonheur qu'elle se promet.

« Peut-être, dit Aristée, que je trouverai le berger Lycas avec Camille; que sais-je s'il ne lui parle pas dans ce moment? O Dieux! l'infidèle prend plaisir à l'entendre !

— On disait l'autre jour, repris-je, que Thyrsis, qui a tant aimé Thémire, devait arriver à Gnide; il l'a aimée, sans doute qu'il l'aime encore : il faudra que je dispute un cœur que je croyais tout à moi.

— L'autre jour, Lycas chantait ma Camille : que j'étais insensé ! j'étais ravi de l'entendre louer.

— Je me souviens que Thyrsis porta à ma Thémire des fleurs nouvelles : malheureux que je suis ! elle les a mises sur son sein ! « C'est un présent de Thyrsis », disait-elle. Ah ! j'aurais dû les arracher et les fouler à mes pieds.

— Il n'y a pas longtems que j'allais, avec Camille, faire à Vénus un sacrifice de deux tourterelles ; elles m'échappèrent, et s'envolèrent dans les airs.

— J'avais écrit sur des arbres mon nom avec celui de Thémire ; j'avais écrit mes amours : je les lisais et relisais sans cesse : un matin, je les trouvai effacées.

— Camille, ne désespère point un malheureux qui t'aime : l'amour qu'on irrite peut avoir tous les effets de la haine.

— Le premier Gnidien qui regardera ma Thémire, je le poursuivrai jusque dans le temple, et je le punirai, fût-il aux pieds de Vénus. »

Cependant nous arrivâmes près de l'antre sacré où la Déesse rend ses oracles. Le peuple était comme les flots de la mer agitée : ceux-ci venaient d'entendre, les autres allaient chercher leur réponse.

Nous entrâmes dans la foule; je perdis l'heureux Aristée : déjà il avait embrassé sa Camille; et moi je cherchais encore ma Thémire.

Je la trouvai enfin. Je sentis ma jalousie redoubler à sa vue, je sentis renaître mes premières fureurs. Mais elle me regarda; et je devins tranquille. C'est ainsi que les Dieux renvoient les Furies, lorsqu'elles sortent des enfers.

« O Dieux! me dit-elle, que tu m'as coûté de larmes ! Trois fois le soleil a parcouru sa carrière; je craignais de t'avoir perdu pour jamais : cette parole me fait trembler. J'ai été consulter l'oracle. Je n'ai point demandé si tu m'aimais; hélas ! je ne voulais que savoir si tu vivais encore. Vénus vient de me répondre que tu m'aimes toujours.

— Excuse, lui dis-je, un infortuné qui t'aurait haïe, si son âme en était capable. Les Dieux, dans les mains desquels je suis, peuvent me faire perdre la raison : ces Dieux, Thémire, ne peuvent pas m'ôter mon amour.

« La cruelle Jalousie m'a agité, comme dans le Tartare on tourmente les ombres criminelles. J'en tire cet avantage, que je sens mieux le bonheur qu'il y a d'être aimé de toi, après l'affreuse situation où m'a mis la crainte de te perdre.

« Viens donc avec moi, viens dans ce bois solitaire : il faut qu'à force d'aimer j'expie les crimes que j'ai faits. C'est un grand crime, Thémire, de te croire infidèle. »

Jamais les bois de l'Elysée, que les Dieux ont faits exprès pour la tranquillité des ombres qu'ils chérissent; jamais les forêts de Dodone, qui parlent aux humains de leur félicité future; ni les jardins des Hespérides, dont les arbres se courbent sous le poids de l'or qui compose leurs fruits, ne furent plus charmans que ce bocage enchanté par la présence de Thémire.

Je me souviens qu'un Satyre, qui suivait une Nymphe qui fuyait toute éplorée, nous vit, et s'arrêta. « Heureux amans ! s'écria-t-il, vos yeux savent s'entendre et se répondre ; vos soupirs sont payés par des soupirs ! Mais moi, je passe ma vie sur les traces d'une bergère farouche ; malheureux pendant que je la poursuis, plus malheureux encore lorsque je l'ai atteinte. »

Une jeune Nymphe, seule dans ce bois, nous aperçut et soupira. « Non, dit-elle, ce n'est que pour augmenter mes tourmens, que le cruel Amour me fait voir un amant si tendre. »

Nous trouvâmes Apollon assis auprès d'une fontaine. Il avait suivi Diane, qu'un daim timide avait menée dans ces bois. Je le reconnus à ses blonds cheveux, et à la troupe immortelle qui était autour de lui. Il accordait sa lyre ; elle attire les rochers ; les arbres la suivent, les lions restent immobiles. Mais nous entrâmes plus avant dans les forêts, appelés en vain par cette divine harmonie.

Où croyez-vous que je trouvai l'Amour ? Je le trouvai sur les lèvres de Thémire ; je le trouvai ensuite sur son sein : il s'était sauvé à ses pieds ; je l'y trouvai encore : il se cacha sous ses genoux ; je le suivis ; et je l'aurais toujours suivi, si Thémire toute en pleurs, Thémire irritée, ne m'eût arrêté. Il était à sa dernière retraite : elle est si charmante, qu'il ne saurait la quitter. C'est ainsi qu'une tendre fauvette, que la crainte et l'amour retiennent sur ses petits, reste immobile sous la main avide qui s'approche, et ne peut consentir à les abandonner.

Malheureux que je suis ! Thémire écouta mes plaintes, elle n'en fut point attendrie : elle entendit mes prières, elle devint plus sévère. Enfin je fus téméraire ; elle s'indigna : je tremblai ; elle me parut fâchée : je pleurai ; elle me rebuta : je tombai ; et je sentis que mes soupirs allaient être mes derniers soupirs, si Thémire n'avait mis la main sur mon cœur, et n'y eût rappelé la vie.

« Non, dit-elle, je ne suis pas si cruelle que toi ; car je n'ai jamais voulu te faire mourir, et tu veux m'entraîner dans la nuit du tombeau.

« Ouvre ces yeux mourans, si tu ne veux que les miens se ferment pour jamais. »

Elle m'embrassa : je reçus ma grâce, hélas ! sans espérance de devenir coupable.

CÉPHISE

ET

L'AMOUR

CÉPHISE

ET

L'AMOUR

Un jour que j'errais dans les bois d'Idalie avec la jeune Céphise, je trouvai l'Amour qui dormait caché sur des fleurs, et couvert par quelques branches de myrte qui cédaient doucement aux haleines des Zéphirs. Les Jeux et les Ris, qui le suivent toujours, étaient allés folâtrer loin de lui : il était seul. J'avais l'Amour en mon pouvoir; son arc et son carquois étaient à ses côtés; et, si j'avais voulu, j'aurais volé les armes de l'Amour. Céphise prit l'arc du plus grand des Dieux : elle y mit un trait, sans que je m'en aperçusse, et le lança contre moi. Je lui dis en souriant : « Prends-en un second ; fais-moi une autre blessure ; celle-ci est trop douce. » Elle voulut ajuster un autre trait, il lui tomba sur le pied ; et elle cria doucement : « C'était le trait le plus pesant qui fût dans le carquois de l'Amour ! » Elle le reprit, le fit voler ; il me frappa, je me baissai : « Ah ! Céphise, tu veux donc me faire mourir ? » Elle s'approcha de l'Amour. « I. dort profondément, dit-elle ; il s'est fatigué à lancer ses traits. Il faut cueillir des fleurs, pour lui lier les pieds et les mains. — Ah ! je n'y puis consentir ; car il nous a toujours favorisés. — Je vais donc, dit-elle, prendre ses armes, et lui tirer une flèche de toute ma force. — Mais il se réveillera, lui dis-je. — Eh bien ! qu'il se réveille : que pourra-t-il faire que nous blesser davantage ? — Non, non ; laissons-le dormir ; nous resterons auprès de lui, et nous en serons plus enflammés. »

Céphise prit alors des feuilles de myrte et de roses. « Je veux, dit-elle, en couvrir l'Amour. Les Jeux et les Ris le chercheront, et ne pourront plus le trouver. » Elle les jeta sur lui; et elle riait de voir le petit Dieu presque enseveli. « Mais à quoi m'amusé-je? dit-elle; il faut lui couper les ailes, afin qu'il n'y ait plus sur la terre d'hommes volages; car ce Dieu va de cœur en cœur, et porte partout l'inconstance. » Elle prit ses ciseaux, s'assit; et, tenant d'une main le bout des ailes dorées de l'Amour, je sentis mon cœur frappé de crainte. « Arrête, Céphise ! » Elle ne m'entendit pas. Elle coupa le sommet des ailes de l'Amour, laissa ses ciseaux, et s'enfuit.

Lorsqu'il se fut réveillé, il voulut voler; et il sentit un poids qu'il ne connaissait pas. Il vit sur les fleurs le bout de ses ailes; il se mit à pleurer. Jupiter, qui l'aperçut du haut de l'Olympe, lui envoya un nuage qui le porta dans le palais de Gnide, et le posa sur le sein de Vénus.

« Ma mère, dit-il, je battais de mes ailes sur votre sein ; on me les a coupées : que vais-je devenir ? — Mon fils, dit la belle Cypris, ne pleurez point ; restez sur mon sein, ne bougez pas ; la chaleur va les faire renaître. Ne voyez-vous pas qu'elles sont plus grandes ? Embrassez-moi : elles croissent : vous les aurez bientôt comme vous les aviez ; j'en vois déjà le sommet qui se dore : dans un moment.... C'est assez, mon fils. — Oui, dit-il, je vais me hasarder. » Il s'envola ; il se reposa auprès de Vénus, et revint d'abord sur son sein. Il reprit l'essor ; il alla se reposer un peu plus loin, et revint encore sur le sein de Vénus. Il l'embrassa ; elle lui sourit : il l'embrassa encore, et badina avec elle ; et enfin il s'éleva dans les airs, d'où il règne sur toute la nature.

L'Amour, pour se venger de Céphise, l'a rendue la plus volage de toutes les belles. Il la fait brûler chaque jour d'une nouvelle flamme. Elle m'a aimé ; elle a aimé Daphnis ; et elle aime au-

jourd'hui Cléon. Cruel Amour, c'est moi que vous punissez! Je veux bien porter la peine de son crime; mais n'auriez-vous point d'autres tourmens à me faire souffrir?

ARSACE

ET ISMÉNIE

Histoire orientale

ARSACE

ET

ISMÉNIE

Sur la fin du règne d'Artamène, la Bactriane fut agitée par des discordes civiles. Ce prince mourut accablé d'ennuis, et laissa son trône à sa fille Isménie. Aspar, premier eunuque du palais, eut la principale direction des affaires. Il désirait beaucoup le bien de l'État, et il désirait fort peu le pouvoir. Il connaissait les hommes, et jugeait bien des événemens. Son esprit était naturellement conciliateur, et son âme semblait s'approcher de toutes les autres.

La paix, qu'on n'osait plus espérer, fut rétablie. Tel fut le prestige d'Aspar; chacun rentra dans le devoir, et ignora presque qu'il en fût sorti. Sans effort et sans bruit, il savait faire les grandes choses.

La paix fut troublée par le roi d'Hircanie. Il envoya des ambassadeurs pour demander Isménie en mariage; et, sur ses refus, il entra dans la Bactriane. Cette entrée fut singulière. Tantôt il paraissait armé de toutes pièces, et prêt à combattre ses ennemis; tantôt on le voyait vêtu comme un amant que l'amour conduit auprès de sa maîtresse. Il menait avec lui tout ce qui était propre à un appareil de noces : des danseurs, des joueurs d'instrumens, des farceurs, des cuisiniers, des eunuques, des femmes; et il menait avec lui une formidable armée. Il écrivait à la reine les lettres du monde les plus tendres; et, d'un autre côté, il ravageait tout le pays : un jour était employé à des festins, un autre à des expéditions militaires. Jamais

on n'a vu une si parfaite image de la guerre et
de la paix; et jamais il n'y eut tant de dissolu-
tion et tant de discipline. Un village fuyait la
cruauté du vainqueur; un autre était dans la
joie, les danses et les festins; et, par un étrange
caprice, il cherchait deux choses incompatibles :
de se faire craindre et de se faire aimer. Il ne
fut ni craint ni aimé. On opposa une armée à
la sienne; et une seule bataille finit la guerre.
Un soldat, nouvellement arrivé dans l'armée
des Bactriens, fit des prodiges de valeur; il
perça jusqu'au lieu où combattait vaillamment
le roi d'Hircanie, et le fit prisonnier. Il remit
ce prince à un officier; et, sans dire son nom,
il allait rentrer dans la foule : mais, suivi par
les acclamations, il fut mené comme en triom-
phe à la tente du général. Il parut devant lui
avec une noble assurance; il parla modeste-
ment de son action. Le général lui offrit des
récompenses; il s'y montra insensible : il voulut
le combler d'honneurs; il y parut accoutumé.

Aspar jugea qu'un tel homme n'était pas d'une naissance ordinaire. Il le fit venir à la Cour; et, quand il le vit, il se confirma encore plus dans cette pensée. Sa présence lui donna de l'admiration; la tristesse même qui paraissait sur son visage, lui inspira du respect; il loua sa valeur, et lui dit les choses les plus flatteuses. « Seigneur, lui dit l'étranger, excusez un malheureux que l'horreur de sa situation rend presque incapable de sentir vos bontés, et encore plus d'y répondre. » Ses yeux se remplirent de larmes, et l'eunuque en fut attendri. « Soyez mon ami, lui dit-il, puisque vous êtes malheureux. Il y a un moment je vous admirais, à présent je vous aime ; je voudrais vous consoler, et que vous fissiez usage de ma raison et de la vôtre. Venez prendre un appartement dans mon palais; celui qui l'habite aime la vertu, et vous n'y serez point étranger. »

Le lendemain fut un jour de fête pour tous les Bactriens. La reine sortit de son palais, suivie de toute sa Cour. Elle paraissait sur son char, au milieu d'un peuple immense. Un voile qui couvrait son visage laissait voir une taille charmante; ses traits étaient cachés, et l'amour des peuples semblait les leur montrer.

Elle descendit de son char, et entra dans le temple. Les grands de Bactriane étaient autour d'elle. Elle se prosterna, et adora les Dieux dans le silence; puis elle leva son voile, se recueillit et dit à haute voix :

« Dieux immortels ! la reine de Bactriane vient vous rendre grâces de la victoire que vous lui avez donnée. Mettez le comble à vos faveurs, en ne permettant jamais qu'elle en abuse. Faites qu'elle n'ait ni passions, ni faiblesses, ni caprices ; que ses craintes soient de faire le mal, ses espérances de faire le bien; et, puisqu'elle ne peut être heureuse..., dit-elle d'une voix que les sanglots parurent arrêter, faites du moins que son peuple le soit. »

Les prêtres finirent les cérémonies prescrites pour le culte des Dieux ; la reine sortit du temple, remonta sur son char, et le peuple la suivit jusqu'au palais.

Quelques momens après, Aspar rentra chez lui ; il cherchait l'étranger, et il le trouva dans une affreuse tristesse. Il s'assit auprès de lui, et, ayant fait retirer tout le monde, il lui dit : « Je vous conjure de vous ouvrir à moi. Croyez-vous qu'un cœur agité ne trouve point de douceur à confier ses peines ? C'est comme si l'on se reposait dans un lieu plus tranquille. — Il faudrait, lui dit l'étranger, vous raconter tous les événemens de ma vie. — C'est ce que je vous demande, reprit Aspar ; vous parlerez à un homme sensible : ne me cachez rien ; tout est important devant l'amitié. »

Ce n'était pas seulement la tendresse et un sentiment de pitié qui donnaient cette curiosité à Aspar. Il voulait attacher cet homme extraordinaire à la cour de Bactriane ; il désirait de connaître à fond un homme qui était déjà dans l'ordre de ses desseins, et qu'il destinait, dans sa pensée, aux plus grandes choses.

L'étranger se recueillit un moment, et commença ainsi :

« L'amour a fait tout le bonheur et tout le malheur de ma vie. D'abord il l'avait semée de peines et de plaisirs; il n'y a laissé, dans la suite, que les pleurs, les plaintes et les regrets.

« Je suis né dans la Médie, et je puis compter d'illustres aïeux. Mon père remporta de grandes victoires à la tête des armées des Mèdes. Je le perdis dans mon enfance; et ceux qui m'élevèrent me firent regarder ses vertus comme la plus belle partie de son héritage.

« A l'âge de quinze ans on m'établit. On ne me donna point ce nombre prodigieux de femmes dont on accable en Médie les gens de ma naissance : on voulut suivre la nature, et m'apprendre que, si les besoins des sens étaient bornés, ceux du cœur l'étaient encore davantage.

« Ardasire n'était pas plus distinguée de mes autres femmes par son rang que par mon amour. Elle avait une fierté mêlée de quelque chose de si tendre; ses sentimens étaient si nobles, si différens de ceux qu'une complaisance éternelle met dans le cœur des femmes d'Asie; elle avait d'ailleurs tant de beauté, que mes yeux ne virent qu'elle, et mon cœur ignora les autres.

« Sa physionomie était ravissante; sa taille, son air, ses grâces, le son de sa voix, le charme de ses discours, tout m'enchantait. Je voulais toujours l'entendre; je ne me lassais jamais de la voir. Il n'y avait rien pour moi de si parfait dans la nature; mon imagination ne pouvait me dire que ce que je trouvais en elle; et, quand je pensais au bonheur dont les humains peuvent être capables, je voyais toujours le mien.

« Ma naissance, mes richesses, mon âge, et quelques avantages personnels, déterminèrent le roi à me donner sa fille. C'est une coutume inviolable des Mèdes, que ceux qui reçoivent un pareil honneur renvoient toutes leurs femmes. Je ne vis dans cette grande alliance que la perte de ce que j'avais dans le monde de plus cher; mais il me fallut dévorer mes larmes, et montrer de la gaieté. Pendant que toute la Cour me félicitait d'une faveur dont elle est toujours enivrée, Ardasire ne demandait point à me voir, et moi je craignais sa présence, et je la cherchais. J'allai dans son appartement; j'étais désolé. « Ardasire, lui dis-je, je vous perds... » Mais, sans me faire ni caresses ni reproches, sans lever les yeux, sans verser de larmes, elle garda un profond silence; une pâleur mortelle paraissait sur son visage et j'y voyais une certaine indignation mêlée de désespoir.

« Je voulus l'embrasser; elle me parut glacée, et je ne lui sentis de mouvement que pour échapper de mes bras.

« Ce ne fut point la crainte de mourir qui me

fit accepter la princesse; et, si je n'avais tremblé pour Ardasire, je me serais sans doute exposé à la plus affreuse vengeance. Mais, quand je me représentais que mon refus serait infailliblement suivi de sa mort, mon esprit se confondait, et je m'abandonnais à mon malheur.

« Je fus conduit dans le palais du roi, et il ne me fut plus permis d'en sortir. Je vis ce lieu fait pour l'abattement de tous, et les délices d'un seul; ce lieu où, malgré le silence, les soupirs de l'amour sont à peine entendus; ce lieu où règnent la tristesse et la magnificence, où tout ce qui est inanimé est riant et tout ce qui a de la vie est sombre, où tout se meut avec le maître et tout s'engourdit avec lui.

« Je fus présenté le même jour à la princesse; elle pouvait m'accabler de ses regards, et il ne me fut pas permis de lever les miens. Étrange effet de la grandeur! Si ses yeux pouvaient parler, les miens ne pouvaient répondre. Deux eunuques avaient un poignard à la main, prêts à expier dans mon sang l'affront de la regarder.

« Quel état pour un cœur comme le mien, d'aller porter dans mon lit l'esclavage de la Cour, suspendu entre les caprices et les dédains superbes, de ne sentir plus que le respect, et de perdre pour jamais ce qui peut faire la consolation de la servitude même, la douceur d'aimer et d'être aimé !

« Mais quelle fut ma situation, lorsqu'un eunuque de la princesse vint me faire signer l'ordre de faire sortir de mon palais toutes mes femmes ! « Signez, me dit-il; sentez la dou-
« ceur de ce commandement : je rendrai compte
« à la princesse de votre promptitude à obéir. »
Mon visage se couvrit de larmes; j'avais commencé d'écrire, et je m'arrêtai. « De grâce, dis-je
« à l'eunuque, attendez; je me meurs... — Sei-
« gneur, me dit-il, il y va de votre tête et de la
« mienne; signez : nous commençons à devenir
« coupables; on compte les momens; je devrais

être de retour. » Ma main tremblante ou rapide (car mon esprit était perdu) traça les caractères les plus funestes que je pusse former.

« Mes femmes furent enlevées la veille de mon mariage; mais Ardasire, qui avait gagné un de mes eunuques, mit un esclave de sa taille et de son air sous ses voiles et ses habits, et se cacha dans un lieu secret. Elle avait fait entendre à l'eunuque qu'elle voulait se retirer parmi les prêtresses des Dieux.

« Ardasire avait l'âme trop haute pour qu'une loi qui, sans aucun sujet, privait de leur état des femmes légitimes, pût lui paraître faite pour elle. L'abus du pouvoir ne lui faisait point respecter le pouvoir: elle appelait de cette tyrannie à la nature, et de son impuissance à son désespoir.

« La cérémonie du mariage se fit dans le palais. Je menai la princesse dans ma maison. Là les concerts, les danses, les festins, tout parut exprimer une joie que mon cœur était bien éloigné de sentir.

« La nuit étant venue, toute la Cour nous quitta. Les eunuques conduisirent la princesse dans son appartement : hélas! c'était celui où j'avais fait tant de sermens à Ardasire. Je me retirai dans le mien plein de rage et de désespoir.

« Le moment fixé pour l'hymen arriva. J'entrai dans ce corridor, presque inconnu dans ma maison même, par où l'amour m'avait conduit tant de fois. Je marchais dans les ténèbres, seul, triste, pensif, quand tout à coup un flambeau fut découvert. Ardasire, un poignard à la main, parut devant moi. « Arsace, dit-elle, allez dire à votre « nouvelle épouse que je meurs ici; dites-lui que « j'ai disputé votre cœur jusqu'au dernier sou- « pir. » Elle allait se frapper; j'arrêtai sa main. « Ardasire, m'écriai-je, quel affreux spectacle « veux-tu me donner?... » Et, lui ouvrant mes bras : « Commence par frapper celui qui a « cédé le premier à une loi barbare. » Je la vis pâlir, et le poignard lui tomba des mains. Je l'embrassai; et, je ne sais par quel charme, mon âme sembla se calmer. Je tenais ce cher objet, je me livrai tout entier au plaisir d'aimer. Tout, jusqu'à l'idée de mon malheur, fuyait de ma pensée. Je croyais posséder Ardasire, et il me semblait que je ne pouvais plus la perdre. Étrange effet de l'amour! mon cœur s'échauffait, et mon âme devenait tranquille.

« Les paroles d'Ardasire me rappelèrent à moi-même. « Arsace, me dit-elle, quittons ces lieux
« infortunés; fuyons. Que craignons-nous? nous
« savons aimer et mourir... — Ardasire, lui dis-
« je, je jure que vous serez toujours à moi : vous
« y serez comme si vous ne sortiez jamais de ces
« bras : je ne me séparerai jamais de vous. J'atteste
« les Dieux que vous seule ferez le bonheur de
« ma vie... Vous me proposez un généreux
« dessein : l'amour me l'avait inspiré; il me
« l'inspire encore par vous. Vous allez voir si je
« vous aime. »

« Je la quittai; et, plein d'impatience et

d'amour, j'allai partout donner mes ordres. La porte de l'appartement de la princesse fut fermée. Je pris tout ce que je pus emporter d'or et de pierreries. Je fis prendre à mes esclaves divers chemins, et partis seul avec Ardasire dans l'horreur de la nuit; espérant tout, craignant tout, perdant quelquefois mon audace naturelle; saisi par toutes les passions, quelquefois par les remords même; ne sachant si je suivais mon devoir, ou l'amour qui le fait oublier.

« Je ne vous dirai point les périls infinis que nous courûmes. Ardasire, malgré la faiblesse de son sexe, m'encourageait; elle était mourante, et elle me suivait toujours. Je fuyais la présence des hommes, car tous les hommes étaient devenus mes ennemis; je ne cherchais que les déserts. J'arrivai dans ces montagnes qui sont remplies de tigres et de lions. La présence de ces animaux me rassurait. « Ce n'est point ici, disais-
« je à Ardasire, que les eunuques de la princesse
« et les gardes du roi de Médie viendront nous

chercher. » Mais enfin, les bêtes féroces se multiplièrent tellement que je commençai à craindre. Je faisais tomber à coups de flèches celles qui s'approchaient trop près de nous ; car, au lieu de me charger des choses nécessaires à la vie, je m'étais muni d'armes qui pouvaient partout me les procurer. Pressé de toutes parts, je fis du feu avec des cailloux, j'allumai du bois sec ; je passais la nuit auprès de ces feux, et je faisais du bruit avec mes armes. Quelquefois je mettais le feu aux forêts, et je chassais devant moi ces bêtes intimidées. J'entrai dans un pays plus ouvert, et j'admirai ce vaste silence de la nature. Il me représentait ce tems où les Dieux naquirent, et où la beauté parut la première : l'amour l'échauffa, et tout fut animé.

« Enfin, nous sortîmes de la Médie. Ce fut dans une cabane de pasteurs que je me crus le maître du monde, et que je pus dire que j'étais à Ardasire et qu'Ardasire était à moi.

« Nous arrivâmes dans la Margiane ; nos

esclaves nous y rejoignirent. Là nous vécûmes à la campagne, loin du monde et du bruit. Charmés l'un de l'autre, nous nous entretenions de nos plaisirs présens et de nos peines passées.

Ardasire me racontait quels avaient été ses sentimens dans tous le tems qu'on nous avait arrachés l'un à l'autre, ses jalousies pendant qu'elle crut que je ne l'aimais plus, sa douleur quand elle vit que je l'aimais encore, sa fureur contre une loi barbare, sa colère contre moi qui m'y soumettais. Elle avait d'abord formé le dessein d'immoler la princesse ; elle avait rejeté cette idée : elle auroit trouvé du plaisir à mourir à mes yeux ; elle n'avait point douté que je ne fusse attendri. Quand j'étais dans ses bras, disait-elle, quand elle me proposa de quitter ma patrie, elle était déjà sure de moi.

« Ardasire n'avait jamais été si heureuse ; elle était charmée. Nous ne vivions point dans le faste de la Médie ; mais nos mœurs étaient plus douces. Elle voyait, dans tout ce que nous avions perdu, les grands sacrifices que je lui avais faits. Elle était seule avec moi. Dans les sérails, dans ces lieux de délices, on trouve toujours l'idée d'une rivale; et, lorsqu'on y jouit de ce qu'on aime, plus on aime, et plus on est alarmé.

« Mais Ardasire n'avait aucune défiance; le cœur était assuré du cœur. Il semble qu'un tel amour donne un air riant à tout ce qui nous entoure, et que, parce qu'un objet nous plaît, il ordonne à toute la nature de nous plaire; il semble qu'un tel amour soit cette enfance aimable devant qui tout se joue, et qui sourit toujours.

« Je sens une espèce de douceur à vous parler de cet heureux tems de notre vie. Quelquefois je perdais Ardasire dans les bois, et je la retrouvais aux accens de sa voix charmante. Elle se parait des fleurs que je cueillais; je me parais de celles qu'elle avait cueillies. Le chant des oiseaux, le murmure des fontaines, les danses et les concerts de nos jeunes esclaves, une douceur partout répandue, étaient des témoignages continuels de notre bonheur.

« Tantôt Ardasire était une bergère qui, sans parure et sans ornemens, se montrait à moi avec sa naïveté naturelle; tantôt je la voyais telle qu'elle était lorsque j'étais enchanté dans le sérail de Médie.

« Ardasire occupait ses femmes à des ouvrages charmans : elles filaient la laine d'Hircanie; elles employaient la pourpre de Tyr. Toute la maison goûtait une joie naïve. Nous descendions avec plaisir à l'égalité de la nature; nous étions heureux, et nous voulions vivre avec des gens qui le fussent. Le bonheur faux rend les hommes durs et superbes; et ce bonheur ne se communique point. Le vrai bonheur les rend doux et sensibles; et ce bonheur se partage toujours.

« Je me souviens qu'Ardasire fit le mariage

d'une de ses favorites avec un de mes affranchis. L'amour et la jeunesse avaient formé cet hymen. La favorite dit à Ardasire : « Ce jour « est aussi le premier jour de votre hyménée. — Tous les jours de ma vie, répondit-elle, « seront ce premier jour. »

« Vous serez peut-être surpris, qu'exilé et proscrit de la Médie, n'ayant eu qu'un moment pour me préparer à partir, ne pouvant emporter que l'argent et les pierreries qui se trouvaient sous ma main, je pusse avoir assez de richesses dans la Margiane pour y avoir un palais, un grand nombre de domestiques, et toutes sortes de commodités pour la vie. J'en fus surpris moi-même, et je le suis encore. Par une fatalité que je ne saurais vous expliquer, je ne voyais aucune ressource, et j'en trouvais partout. L'or, les pierreries, les bijoux semblaient se présenter à moi. C'étaient des hasards, me direz-vous. Mais des hasards si réitérés, et perpétuellement les mêmes, ne pouvaient guère être des hasards. Ardasire crut d'abord que je voulais la surprendre, et que j'avais porté des richesses qu'elle ne connaissait pas. Je crus, à mon tour, qu'elle en avait qui m'étaient inconnues. Mais nous vîmes bien l'un et l'autre que nous étions dans l'erreur. Je trouvai plusieurs fois, dans ma chambre, des rouleaux où il y avait plusieurs centaines de dariques; Ardasire trouvait dans la sienne des boîtes pleines de pierreries. Un jour que je me promenais dans mon jardin, un petit coffre, plein de pièces d'or, parut à mes yeux; et j'en aperçus un autre dans le creux d'un chêne, sous lequel j'allais ordinairement me reposer. Je passe le reste. J'étais sûr qu'il n'y avait pas un seul homme dans la Médie qui eût quelque connaissance du lieu où je m'étais retiré; et d'ailleurs, je savais que je n'avais aucun secours à attendre de ce côté-là. Je me creusais la tête pour pénétrer d'où me venaient ces secours. Toutes les conjectures que je faisais se détruisaient les unes les autres.

— « On fait, dit Aspar en interrompant Arsace, des contes merveilleux de certains génies puissans qui s'attachent aux hommes, et leur font de grands biens. Rien de ce que j'ai ouï dire là-dessus n'a fait impression sur mon esprit; mais ce que j'entends m'étonne davantage : vous dites ce que vous avez éprouvé, et non pas ce que vous avez ouï dire.

— « Soit que ces secours, reprit Arsace, fussent humains ou surnaturels, il est certain qu'ils ne me manquèrent jamais, et que, de la même manière qu'une infinité de gens trouvent partout la misère, je trouvai partout les richesses; et, ce qui vous surprendra, elles venaient toujours à point nommé : je n'ai jamais vu mon trésor prêt à finir, qu'un nouveau n'ait d'abord reparu; tant l'intelligence qui veillait sur nous était attentive ! Il y a plus; ce n'était pas seulement nos besoins qui étaient prévenus, mais souvent nos fantaisies. Je n'aime guère, ajouta-t-il, à dire des choses merveilleuses : je vous dis ce que je suis forcé de croire, et non pas ce qu'il faut que vous croyiez.

« La veille du mariage de la favorite, un jeune homme beau comme l'amour, vint me porter un panier de très beau fruit. Je lui donnai quelques pièces d'argent; il les prit, laissa le panier et ne reparut plus; je portai le panier à Ardasire; je le trouvai plus pesant que je ne pensais. Nous mangeâmes le fruit, et nous trouvâmes que le fond était plein de dariques. « C'est le génie, dit-on dans toute la « maison, qui a apporté un trésor ici pour les « dépenses des noces. »

« Je suis convaincue, disait Ardasire, que « c'est un génie qui fait ces prodiges en notre « faveur. Aux intelligences supérieures à nous « rien ne doit être plus agréable que l'amour : « l'amour seul a une perfection qui peut nous « élever jusqu'à elles. Arsace, c'est un génie « qui connaît mon cœur, et qui voit à quel

« point je vous aime. Je voudrais le voir, et
« qu'il pût me dire à quel point vous m'ai-
« mez. »

« Je reprends ma narration.

« La passion d'Ardasire et la mienne prirent
des impressions de notre différente éducation
et nos différens caractères. Ardasire ne respi-
rait que pour aimer; sa passion était sa vie;
toute son âme était de l'amour. Il n'était pas
en elle de m'aimer moins; elle ne pouvait non
plus m'aimer davantage. Moi, je parus aimer
avec plus d'emportement, parce qu'il semblait
que je n'aimais pas toujours de même. Ardasire seule était capable de m'occuper; mais il y
eut des choses qui purent me distraire. Je suivais les cerfs dans les forêts, et j'allais combattre les bêtes féroces.

« Bientôt je m'imaginai que je menais une
vie trop obscure. Je me trouve, disais-je, dans
les États du roi de Margiane : pourquoi n'irais-
je point à la Cour? La gloire de mon père venait

s'offrir à mon esprit. C'est un poids bien pesant qu'un grand nom à soutenir, quand les vertus des hommes ordinaires sont moins le terme où il faut s'arrêter, que celui dont on doit partir. Il semble que les engagemens que les autres prennent pour nous soient plus forts que ceux que nous prenons nous-mêmes. Quand j'étais en Médie, disais-je, il fallait que je m'abaissasse, et que je cachasse avec plus de soin mes vertus que mes vices. Si je n'étais pas esclave de la Cour, je l'étais de sa jalousie. Mais à présent que je me vois maître de moi, que je suis indépendant, parce que je suis sans patrie, libre au milieu de forêts comme les lions, je commencerai à avoir une âme commune, si je reste un homme commun.

« Je m'accoutumai peu à peu à ces idées. Il est attaché à la nature qu'à mesure que nous sommes heureux, nous voulons l'être davantage. Dans la félicité même il y a des impatiences. C'est que, comme notre esprit est une suite d'idées, notre cœur est une suite de désirs. Quand nous sentons que notre bonheur ne peut plus s'augmenter, nous voulons lui donner une modification nouvelle. Quelquefois mon ambition était irritée par mon amour même : j'espérais que je serais plus digne d'Ardasire ; et malgré ses prières, malgré ses larmes, je la quittai.

« Je ne vous dirai point l'affreuse violence que je me fis. Je fus cent fois sur le point de revenir. Je voulais m'aller jeter aux genoux d'Ardasire ; mais la honte de me démentir, la certitude que je n'aurais plus la force de me séparer d'elle, l'habitude que j'avais prise de commander à mon cœur des choses difficiles, tout cela me fit continuer mon chemin.

« Je fus reçu du roi avec toutes sortes de distinctions. A peine eus-je le tems de m'apercevoir que j'étais étranger. J'étais de toutes les parties de plaisir : il me préféra à tous ceux de mon âge, et il n'y eut point de rang ni de dignité que je ne pusse espérer dans la Margiane.

« J'eus bientôt une occasion de justifier sa faveur. La Cour de Margiane vivait depuis longtems dans une profonde paix. Elle apprit qu'une multitude infinie de Barbares s'était présentée sur la frontière, qu'elle avait taillé en pièces l'armée qu'on lui avait opposée, et qu'elle marchait à grands pas vers la capitale. Quand la ville aurait été prise d'assaut, la Cour ne serait pas tombée dans une plus affreuse consternation. Ces gens-là n'avaient jamais connu que la prospérité; ils ne savaient pas distinguer les malheurs d'avec les malheurs, et ce qui peut se rétablir d'avec ce qui est irréparable. On assembla, à la hâte, un conseil; et, comme j'étais auprès du roi, je fus de ce conseil. Le roi était éperdu, et ses conseillers n'avaient plus de sens. Il était clair qu'il était impossible de les sauver, si on ne leur rendait le courage. Le premier ministre ouvrit les avis. Il proposa de faire sauver le roi, et d'envoyer au général ennemi les clefs de la ville. Il allait dire ses raisons, et tout le conseil

allait les suivre. Je me levai pendant qu'il parlait, et je lui tins ce discours : «Si tu dis encore
« un mot, je te tue. Il ne faut pas qu'un roi
« magnanime, et tous les braves gens qui sont
« ici, perdent un tems précieux à écouter tes
« lâches conseils. » Et me tournant vers le roi :
« Seigneur, un grand État ne tombe pas d'un
« seul coup. Vous avez une infinité de ressour-
« ces; et, quand vous n'en aurez plus, vous dé-
« libérerez avec cet homme si vous devez mou-
« rir, ou suivre de lâches conseils. Amis, je jure
« avec vous que nous défendrons le roi jusqu'au
« dernier soupir. Suivons-le, armons le peuple,
« et faisons-lui part de notre courage. »

« On se mit en défense dans la ville, et je me saisis d'un poste au dehors, avec une troupe de gens d'élite, composée de Margiens et de quelques braves gens qui étaient à moi. Nous battîmes plusieurs de leurs partis. Un corps de cavalerie empêchait qu'on ne leur envoyât des vivres. Ils n'avaient point de machines pour faire le siège de la ville. Notre corps d'armée grossissait tous les jours. Ils se retirèrent, et la Margiane fut délivrée.

« Dans le bruit et le tumulte de cette Cour, je ne goûtais que de fausses joies. Ardasire me manquait partout, et toujours mon cœur se tournait vers elle. J'avais connu mon bonheur, et je l'avais fui; j'avais quitté des plaisirs réels, pour chercher des erreurs.

« Ardasire, depuis mon départ, n'avait point eu de sentiment qui n'eût d'abord été combattu par un autre. Elle avait toutes les passions; elle n'était contente d'aucune. Elle voulait se taire; elle voulait se plaindre : elle prenait la plume pour m'écrire; le dépit lui faisait changer de pensées : elle ne pouvait se résoudre à me marquer de la sensibilité, encore moins de l'indifférence; mais enfin la douleur de son âme fixa ses résolutions, et elle m'écrivit cette lettre :

« Si vous aviez gardé dans votre cœur le

« moindre sentiment de pitié, vous ne m'auriez
« jamais quittée; vous auriez répondu à un
« amour si tendre, et respecté nos malheurs;
« vous m'auriez sacrifié des idées vaines. Cruel,
« vous croiriez perdre quelque chose en per-
« dant un cœur qui ne brûle que pour vous !
« Comment pouvez-vous savoir si, ne vous
« voyant plus, j'aurai le courage de soutenir la
« vie? Et si je meurs, barbare! pouvez-vous
« douter que ce ne soit par vous? O Dieux !
« par vous, Arsace ! Mon amour, si industrieux
« à s'affliger, ne m'avait jamais fait craindre
« ce genre de supplice. Je croyais que je n'au-
« rais jamais à pleurer que vos malheurs, et
« que je serais toute ma vie insensible sur les
« miens...»

« Je ne pus lire cette lettre sans verser des
larmes. Mon cœur fut saisi de tristesse, et au
sentiment de pitié se joignit un cruel remords
de faire le malheur de ce que j'aimais plus que
ma vie.

« Il me vint dans l'esprit d'engager Ardasire à venir à la Cour : je ne restai sur cette idée qu'un moment.

« La Cour de Margiane est presque la seule d'Asie où les femmes ne sont point séparées du commerce des hommes. Le roi était jeune : je pensai qu'il pouvait tout, et je pensai qu'il pouvait aimer. Ardasire aurait pu lui plaire, et cette idée était pour moi plus effrayante que mille morts.

« Je n'avais d'autre parti à prendre que de retourner auprès d'elle. Vous serez étonné quand vous saurez ce qui m'arrêta.

« J'attendais à tout moment des marques brillantes de la reconnaissance du roi. Je m'imaginai que, paraissant aux yeux d'Ardasire avec un nouvel éclat, je me justifierais plus aisément auprès d'elle. Je pensai qu'elle m'en aimerait plus, et je goûtais d'avance le plaisir d'aller porter ma nouvelle fortune à ses pieds.

« Je lui appris la raison qui me faisait différer

mon départ; et ce fut cela même qui la mit au désespoir.

« Ma faveur auprès du roi avait été si rapide, qu'on l'attribua au goût que la princesse, sœur du roi, avait paru avoir pour moi. C'est une de ces choses que l'on croit toujours, lorsqu'elles ont été dites une fois. Un esclave, qu'Ardasire avait mis auprès de moi, lui écrivit ce qu'il avait entendu dire. L'idée d'une rivale fut désolante pour elle. Ce fut bien pis, lorsqu'elle apprit les actions que je venais de faire. Elle ne douta point que tant de gloire ne dût augmenter l'amour. « Je ne suis point princesse, disait-elle
« dans son indignation; mais je sens bien qu'il
« n'y en a aucune sur la terre que je croie mé-
« riter que je lui cède un cœur qui doit être à
« moi; et, si je l'ai fait voir en Médie, je le ferai
« voir en Margiane. »

« Après mille pensées, elle se fixa, et prit cette résolution.

« Elle se défit de la plupart de ses esclaves,

en choisit de nouveaux, envoya meubler un palais dans le pays des Sogdiens, se déguisa, prit avec elle des eunuques qui ne m'étaient pas connus, vint secrètement à la Cour. Elle s'aboucha avec l'esclave qui lui était affidé, et prit avec lui des mesures pour m'enlever dès le lendemain. Je devais aller me baigner dans la rivière. L'esclave me mena dans un endroit où Ardasire m'attendait. J'étais à peine déshabillé, qu'on me saisit; on jeta sur moi une robe de femme; on me fit entrer dans une litière fermée : on marcha jour et nuit. Nous eûmes bientôt quitté la Margiane, et nous arrivâmes dans le pays des Sogdiens. On m'enferma dans un vaste palais : on me faisait entendre que la princesse, qu'on disait avoir du goût pour moi, m'avait fait enlever et conduire secrètement dans une terre de son apanage.

« Ardasire ne voulait point être connue, ni que je fusse connu : elle cherchait à jouir de mon erreur. Tous ceux qui n'étaient pas du secret la prenaient pour la princesse. Mais un homme enfermé dans un palais aurait démenti son caractère. On me laissa donc mes habits de femme, et on crut que j'étais une fille nouvellement achetée, et destinée à la servir.

« J'étais dans ma dix-septième année. On disait que j'avais toute la fraîcheur de la jeunesse, et on me louait sur ma beauté, comme si j'eusse été une fille du palais.

« Ardasire, qui savait que la passion pour la gloire m'avait déterminé à la quitter, songea à amollir mon courage par toutes sortes de moyens. Je fus mis entre les mains de deux eunuques. On passait les journées à me parer; on composait mon teint; on me baignait; on versait sur moi les essences les plus délicieuses. Je ne sortais jamais de la maison; on m'apprenait à travailler moi-même à ma parure; et surtout on voulait m'accoutumer à cette obéissance, sous laquelle les femmes sont abattues dans les grands sérails d'Orient.

« J'étais indigné de me voir traité ainsi. Il n'y a rien que je n'eusse osé pour rompre mes chaînes; mais me voyant sans armes, entouré de gens qui avaient toujours les yeux sur moi, je ne craignais pas d'entreprendre, mais de manquer mon entreprise. J'espérais que dans la suite, je serais moins soigneusement gardé, que je pourrais corrompre quelque esclave, et sortir de ce séjour, ou mourir.

« Je l'avouerai même: une espèce de curiosité de voir le dénouement de tout ceci, semblait ralentir mes pensées. Dans la honte, la douleur et la confusion, j'étais surpris de n'en avoir pas davantage. Mon âme formait des projets; ils finissaient tous par un certain trouble : un charme secret, une force inconnue me retenaient dans ce palais.

« La feinte princesse était toujours voilée, et je n'entendais jamais sa voix. Elle passait presque toute la journée à me regarder par une jalousie pratiquée à ma chambre. Quelquefois elle me faisait venir à son appartement. Là, ses filles chantaient les airs les plus tendres : il me semblait que tout exprimait son amour. Je n'étais jamais assez près d'elle; elle n'était occupée que de moi : il y avait toujours quelque chose à raccommoder à ma parure; elle défaisait mes cheveux pour les arranger encore : elle n'était jamais contente de ce qu'elle avait fait.

« Un jour, on vint me dire qu'elle me permettait de venir la voir. Je la trouvai sur un sofa de pourpre : ses voiles la couvraient encore; sa tête était mollement penchée, et elle semblait être dans une douce langueur. J'approchai, et une de ses femmes me parla ainsi : « L'Amour vous
« favorise; c'est lui qui, sous ce déguisement,
« vous a fait venir ici. La princesse vous aime.
« Tous les cœurs lui seraient soumis, et elle ne
« veut que le vôtre.

— « Comment, dis-je en soupirant, pourrais-
« je donner un cœur qui n'est pas à moi ? Ma

« chère Ardasire en est la maîtresse ; elle le sera
« toujours. »

«Je ne vis point qu'Ardasire marquât d'émotion à ces paroles; mais elle m'a dit depuis qu'elle n'a jamais senti une si grande joie.

— « Téméraire, me dit cette femme, la prin-
« cesse doit être offensée, comme les Dieux
« lorsqu'on est assez malheureux pour ne pas
« les aimer.

— « Je lui rendrai, répondis-je, toutes sortes
« d'hommages; mon respect, ma reconnaissance
« ne finiront jamais; mais le Destin, le cruel
« Destin ne me permet point de l'aimer...
« Grande princesse, ajoutai-je en me jetant à
« ses genoux, je vous conjure par votre gloire
« d'oublier un homme qui, par un amour éter-
« nel pour une autre, ne sera jamais digne de
« vous. »

« J'entendis qu'elle jeta un profond soupir;
je crus m'apercevoir que son visage était couvert de larmes. Je me reprochais mon insensibi-

lité; j'aurais voulu, ce que je ne trouvais pas possible, être fidèle à mon amour, et ne pas désespérer le sien.

« On me ramena dans mon appartement; et, quelques jours après, je reçus ce billet, écrit d'une main qui m'était inconnue :

« L'amour de la princesse est violent, mais
« il n'est pas tyrannique : elle ne se plaindra
« pas même de vos refus, si vous lui faites
« voir qu'ils sont légitimes. Venez donc lui
« apprendre les raisons que vous avez pour être
« si fidèle à cette Ardasire. »

« Je fus reconduit auprès d'elle. Je lui racontai toute l'histoire de ma vie. Lorsque je lui parlais de mon amour, je l'entendais soupirer. Elle tenait ma main dans la sienne, et, dans ces momens touchans, elle la serrait malgré elle.

« Recommencez, me disait une de ses
« femmes, à cet endroit où vous fûtes si déses-
« péré lorsque le roi de Médie vous donna sa
« fille. Redites-nous les craintes que vous eûtes

« pour Ardasire dans votre fuite. Parlez à la
« princesse des plaisirs que vous goûtiez, lors-
« que vous étiez dans votre solitude chez les
« Margiens. »

« Je n'avais jamais dit toutes les circonstances : je répétais, et elle croyait apprendre ;
je finissais, et elle s'imaginait que j'allais com-
mencer.

« Le lendemain je reçus ce billet :

« Je comprends bien votre amour, et je
« n'exige point que vous me le sacrifiiez. Mais
« êtes-vous sûr que cette Ardasire vous aime
« encore ? Peut-être refusez-vous pour une
« ingrate, le cœur d'une princesse qui vous
« adore. »

« Je fis cette réponse :

« Ardasire m'aime à un tel point, que je ne
« saurais demander aux Dieux qu'ils augmen-
« tassent son amour. Hélas ! peut-être qu'elle
« m'a trop aimé. Je me souviens d'une lettre
« qu'elle m'écrivit quelque tems après que je

« l'eus quittée. Si vous aviez vu les expressions
« terribles et tendres de sa douleur, vous en
« auriez été touchée. Je crains que, pendant que
« je suis retenu dans ces lieux, le désespoir de
« m'avoir perdu, et son dégoût pour la vie, ne
« lui fassent prendre une résolution qui me
« mettrait au tombeau. »

« Elle me fit cette réponse :

« Soyez heureux, Arsace, et donnez tout
« votre amour à la beauté qui vous aime : pour
« moi, je ne veux que votre amitié. »

« Le lendemain je fus reconduit dans son appartement. Là, je sentis tout ce qui peut porter à la volupté. On avait répandu dans la chambre les parfums les plus agréables. Elle était sur un lit qui n'était fermé que par des guirlandes de fleurs : elle y paraissait languissamment couchée. Elle me tendit la main, et me fit asseoir auprès d'elle. Tout, jusqu'au voile qui lui couvrait le visage, avait de la grâce. Je voyais la forme de son beau corps.

J'allais... J'allais la préférer à elle même.

Une simple toile, qui se mouvait sur elle, me faisait tour à tour perdre et trouver des beautés ravissantes. Elle remarqua que mes yeux étaient occupés; et, quand elle les vit s'enflammer, la toile sembla s'ouvrir d'elle-même. Je vis tous les trésors d'une beauté divine. Dans ce moment, elle me serra la main; mes yeux errèrent partout. « Il n'y a, m'écriai-je, que ma chère Arda-
« sire qui soit aussi belle; mais j'atteste les
« Dieux que ma fidélité... » Elle se jeta à mon cou, et me serra dans ses bras. Tout d'un coup la chambre s'obscurcit; son voile s'ouvrit; elle me donna un baiser. Je fus tout hors de moi. Une flamme subite coula dans mes veines, et échauffa tous mes sens. L'idée d'Ardasire s'éloigna de moi. Un reste de souvenir... mais il ne me paraissait qu'un songe... j'allais... j'allais la préférer à elle-même. Déjà j'avais porté mes mains sur son sein; elles couraient rapidement partout : l'amour ne se montrait que par sa fureur; il se précipitait à la victoire; un

moment de plus, et Ardasire ne pouvait pas se défendre, lorsque tout à coup elle fit un effort; elle fut secourue, elle se déroba de moi, et je la perdis.

« Je retournai dans mon appartement, surpris moi-même de mon inconstance. Le lendemain on entra dans ma chambre, on me rendit les habits de mon sexe, et le soir on me mena chez celle dont l'idée m'enchantait encore. J'approchai d'elle, je me mis à ses genoux, et, transporté d'amour, je parlai de mon bonheur, je me plaignis de mes propres refus; je demandai, je promis, j'exigeai, j'osai tout dire, je voulus tout voir; j'allais tout entreprendre. Mais je trouvai un changement étrange; elle me parut glacée; et, lorsqu'elle m'eut assez découragé, qu'elle eut joui de tout mon embarras, elle me parla, et j'entendis sa voix pour la première fois : « Ne « voulez-vous point voir le visage de celle que « vous aimez?... » Ce son de voix me frappa; je restai immobile; j'espérai que ce serait Arda-

sire, et je le craignis. « Découvrez ce bandeau,
« me dit-elle. » Je le fis, et je vis le visage d'Ardasire. Je voulus parler, et ma voix s'arrêta.
L'amour, la surprise, la joie, la honte, toutes les
passions ma saisirent tour à tour. « Vous êtes
« Ardasire ? lui dis-je. — Oui, perfide, répondit-
« elle, je le suis. — Ardasire, lui dis-je d'une
« voix entrecoupée, pourquoi vous jouez-vous
« ainsi d'un malheureux amour ? » Je voulus
l'embrasser.— « Seigneur, dit-elle, je suis à vous.
« Hélas ! j'avais espéré de vous revoir plus fidèle.
« Contentez-vous de commander ici. — Punis-
« sez-moi, si vous voulez, de ce que j'ai fait... —
« Arsace, ajouta-t-elle en pleurant, vous ne le
« méritiez pas.

— « Ma chère Ardasire, lui dis-je, pourquoi
« me désespérez-vous ? Auriez-vous voulu que
« j'eusse été insensible à des charmes que j'ai
« toujours adorés ? Comptez que vous n'êtes
« pas d'accord avec vous-même. N'était-ce pas
« vous que j'aimais ? ne sont-ce pas ces beautés

« qui m'ont toujours charmé? — Ah! dit-elle,
« vous auriez aimé une autre que moi. — Je
« n'aurais point, lui dis-je, aimé une autre que
« vous. Tout ce qui n'aurait point été vous
« m'aurait déplu. Qu'eût-ce été, lorsque je n'au-
« rais point vu cet adorable visage, que je n'au-
« rais pas entendu cette voix, que je n'aurais
« pas trouvé ces yeux? Mais, de grâce, ne me
« désespérez pas; songez que, de toutes les in-
« fidélités que l'on peut faire, j'ai sans doute
« commis la moindre. »

« Je connus, à la langueur de ses yeux, qu'elle n'était plus irritée; je le connus à sa voix mourante. Je la tins dans mes bras. Qu'on est heureux quand on tient dans ses bras ce que l'on aime! Comment exprimer ce bonheur dont l'excès n'est que pour les vrais amans : lorsque l'amour renaît après lui-même; lorsque tout promet, que tout demande, que tout obéit; lorsqu'on sent qu'on a tout, et que l'on sent que l'on a pas assez; lorsque l'âme semble s'abandonner et se porter au delà de la nature même.

« Ardasire, revenue à elle, me dit : « Mon
« cher Arsace, l'amour que j'ai eu pour vous
« m'a fait faire des choses bien extraordinaires.
« Mais un amour bien violent n'a de règle ni de
« loi. On ne le connaît guère, si l'on ne met
« ses caprices au nombre de ses plus grands
« plaisirs. Au nom des Dieux, ne me quitte
« plus. Que peut-il te manquer? Tu es heu-
« reux, si tu m'aimes. Tu es sûr que jamais
« mortel n'a été tant aimé. Dis-moi, promets-
« moi, jure-moi que tu resteras ici. »

« Je lui fis mille sermens; ils ne furent interrompus que par mes embrassemens, et elle les crut.

« Heureux l'amour, lors même qu'il s'apaise ; lorsqu'après qu'il a cherché à se faire sentir, il aime à se faire connaître ; lorsqu'après avoir joui des beautés, il ne se sent plus touché que par les grâces !

« Nous vécûmes dans la Sogdiane dans une félicité que je ne saurais vous exprimer. Je n'avais resté que quelques mois dans la Margiane, et ce séjour m'avait déjà guéri de l'ambition. J'avais eu la faveur du roi; mais je m'aperçus bientôt qu'il ne pouvait me pardonner mon courage et sa frayeur. Ma présence le mettait dans l'embarras; il ne pouvait donc pas m'aimer. Ses courtisans s'en aperçurent, et dès lors ils se donnèrent bien garde de me trop estimer; et, pour que je n'eusse pas sauvé l'État du péril, tout le monde convenait à la Cour qu'il n'y avait pas eu de péril.

« Ainsi, également dégoûté de l'esclavage et des esclaves, je ne connus plus d'autre passion que mon amour pour Ardasire; et je m'estimai cent fois plus heureux de rester dans la seule dépendance que j'aimais, que de rentrer dans une autre que je ne pouvais que haïr.

« Il nous parut que le génie nous avait suivis. Nous nous retrouvâmes dans la même abondance, et nous vîmes toujours de nouveaux prodiges.

« Un pêcheur vint nous vendre un poisson : on m'apporta une bague fort riche, qu'on avait trouvée dans son gosier.

« Un jour, manquant d'argent, j'envoyai vendre quelques pierreries à la ville prochaine : on m'en apporta le prix ; et quelques jours après, je vis sur ma table les pierreries.

« Grands Dieux ! dis-je en moi-même, il m'est donc impossible de m'appauvrir !

« Nous voulûmes tenter le génie, et nous lui demandâmes une somme immense. Il nous fit bien voir que nos vœux étaient indiscrets. Nous trouvâmes, quelques jours après, sur la table, la plus petite somme que nous eussions encore reçue. Nous ne pûmes, en la voyant, nous empêcher de rire. « Le génie nous joue, dit Arda-
« sire. — Ah ! m'écriai-je, les Dieux sont de
« bons dispensateurs : la médiocrité qu'ils nous

« accordent vaut bien mieux que les trésors
« qu'ils nous refusent. »

« Nous n'avions aucune des passions tristes.
L'aveugle ambition, la soif d'acquérir, l'envie
de dominer, semblaient s'éloigner de nous, et
être les passions d'un autre univers. Ces sortes
de biens ne sont faits que pour entrer dans le
vide des âmes que la nature n'a point remplies. Ils n'ont été imaginés que par ceux qui
se sont trouvés incapables de bien sentir les
autres.

« Je vous ai déjà dit que nous étions adorés
de cette petite nation qui formait notre maison.
Nous nous aimions, Ardasire et moi; et sans
doute que l'effet naturel de l'amour est de rendre heureux ceux qui s'aiment. Mais cette bienveillance générale, que nous trouvons dans tous
ceux qui sont autour de nous, peut rendre plus
heureux que l'amour même. Il est impossible que
ceux qui ont le cœur bien fait ne se plaisent au
milieu de cette bienveillance générale. Étrange

effet de la nature! l'homme n'est jamais si peu à lui, que lorsqu'il paraît l'être davantage. Le cœur n'est jamais le cœur que quand il se donne, parce que ses jouissances sont hors de lui.

« C'est ce qui fait que ces idées de grandeur, qui retirent toujours le cœur vers lui-même, trompent ceux qui en sont enivrés; c'est ce qui fait qu'ils s'étonnent de n'être point heureux au milieu de ce qu'ils croient être le bonheur; que, ne le trouvant point dans la grandeur, ils cherchent plus de grandeur encore. S'ils n'y peuvent atteindre, ils se croient plus malheureux; s'ils y atteignent, ils ne trouvent pas encore le bonheur.

« C'est l'orgueil, qui, à force de nous posséder, nous empêche de nous posséder, et qui, nous concentrant dans nous-mêmes, y porte toujours la tristesse. Cette tristesse vient de la solitude du cœur, qui se sent toujours fait pour jouir, et qui ne jouit pas; qui se sent toujours fait pour les autres, et qui ne les trouve pas.

« Ainsi, nous aurions goûté des plaisirs que donne la nature toutes les fois qu'on ne la fuit pas; nous aurions passé notre vie dans la joie, l'innocence et la paix; nous aurions compté nos années par le renouvellement des fleurs et des fruits; nous aurions perdu nos années dans la rapidité d'une vie heureuse; j'aurais vu tous les jours Ardasire, et je lui aurais dit que je l'aimais; la même terre aurait repris son âme et la mienne. Mais tout à coup mon bonheur s'évanouit, et j'éprouvai le revers du monde le plus affreux.

« Le prince du pays était un tyran capable de tous les crimes; mais rien ne le rendait si odieux que les outrages continuels qu'il faisait à un sexe sur lequel il n'est pas seulement permis de lever les yeux. Il apprit, par une esclave sortie du sérail d'Ardasire, qu'elle était la plus belle personne de l'Orient. Il n'en fallut pas davantage pour le déterminer à me l'enlever. Une nuit, une grosse troupe de gens armés entoura ma maison, et le matin je reçus un ordre du tyran de lui envoyer Ardasire. Je vis l'impossibilité de la faire sauver. Ma première idée fut de lui aller donner la mort dans le sommeil où elle était ensevelie. Je pris mon épée, je courus, j'entrai dans sa chambre, j'ouvris les rideaux; je reculai d'horreur, et tous mes sens se glacèrent. Une nouvelle rage me saisit : je voulus aller me jeter au milieu de ces satellites, et immoler tout ce qui se présenterait à moi. Mon esprit s'ouvrit pour un dessein plus suivi, et je me calmai. Je résolus de prendre les habits que j'avais eus, il y avait quelques mois, de monter, sous le nom d'Ardasire, dans la litière que le tyran lui avait destinée, de me faire mener à lui. Outre que je ne voyais point d'autre ressource, je sentais en moi-même du plaisir à faire une action de courage sous les mêmes habits avec lesquels l'aveugle amour avait auparavant avili son sexe.

« J'exécutai tout de sang-froid. J'ordonnai

que l'on cachât à Ardasire le péril que je courais, et que, sitôt que je serais parti, on la fît sauver dans un autre pays. Je pris avec moi un esclave dont je connaissais le courage, et je me livrai aux femmes et aux eunuques que le tyran avait envoyés. Je ne restai pas deux jours en chemin, et quand j'arrivai, la nuit était déjà avancée. Le tyran donnait un festin à ses femmes et à ses courtisans, dans une salle de ses jardins. Il était dans cette gaieté stupide que donne la débauche, lorsqu'elle a été portée à l'excès. Il ordonna que l'on me fît venir. J'entrai dans la salle du festin ; il me fit mettre auprès de lui, et je sus cacher ma fureur et le désordre de mon âme. J'étais comme incertain dans mes souhaits. Je voulais attirer les regards du tyran, et, quand il les tournait vers moi, je sentais redoubler ma rage. Parce qu'il me croit Ardasire, disais-je en moi-même, il ose m'aimer. Il me semblait que je voyais multiplier ses outrages, et qu'il avait trouvé mille manières d'offenser

Meurs. Et qu'on dise aux Enfers que l'Epoux d'Ardasire a puni tes crimes.

mon amour. Cependant j'étais prêt à jouir de
la plus affreuse vengeance. Il s'enflammait, et
je le voyais insensiblement approcher de son
malheur. Il sortit de la salle du festin, et me
mena dans un appartement plus reculé de ses
jardins, suivi d'un seul eunuque et de mon
esclave. Déjà sa fureur brutale allait l'éclaircir
sur mon sexe. « Ce fer, m'écriai-je, t'apprendra
« mieux que je suis un homme. Meurs, et
« qu'on dise aux enfers que l'époux d'Ardasire
« a puni tes crimes. » Il tomba à mes pieds, et
dans ce moment la porte de l'appartement s'ouvrit; car sitôt que mon esclave avait entendu
ma voix, il avait tué l'eunuque qui la gardait, et
s'en était saisi. Nous fuîmes; nous errions dans
les jardins ; nous rencontrâmes un homme, je le
saisis : « Je te plongerai, lui dis-je, ce poignard
« dans le sein, si tu ne me fais sortir d'ici. »
« C'était un jardinier, qui, tout tremblant de
peur, me mena à une porte qu'il ouvrit; je la lui
fis refermer, et lui ordonnai de me suivre.

« Je jetai mes habits, et pris un manteau d'esclave. Nous errâmes dans les bois ; et, par un bonheur inespéré, lorsque nous étions accablés de lassitude, nous trouvâmes un marchand qui faisait paître ses chameaux ; nous l'obligeâmes de nous mener hors de ce funeste pays.

« A mesure que j'évitais tant de dangers, mon cœur devenait moins tranquille. Il fallait revoir Ardasire, et tout me faisait craindre pour elle. Ses femmes et ses eunuques lui avaient caché l'horreur de notre situation ; mais, ne me voyant plus auprès d'elle, elle me croyait coupable ; elle s'imaginait que j'avais manqué à tant de sermens que je lui avais faits. Elle ne pouvait concevoir cette barbarie de l'avoir fait enlever sans lui rien dire. L'amour voit tout ce qu'il craint. La vie lui devint insupportable : elle prit du poison ; il ne fit pas son effet violemment. J'arrivai, et je la trouvai mourante. « Arda-
« sire, lui dis-je, je vous perds ; vous mourez,
« cruelle Ardasire ! hélas ! qu'avais-je fait ?... »

Elle versa quelques larmes. « Arsace, me dit-
« elle, il n'y a qu'un moment que la mort me
« semblait délicieuse; elle me paraît terrible
« depuis que je vous vois. Je sens que je vou-
« drais revivre pour vous, et que mon âme me
« quitte malgré elle. Conservez mon souve-
« nir; et, si j'apprends qu'il vous est cher,
« comptez que je ne serai point tourmentée
« chez les ombres. J'ai du moins cette consola-
« tion, mon cher Arsace, de mourir dans vos
« bras. »

« Elle expira. Il me serait impossible de dire
comment je n'expirai pas aussi. On m'arracha
d'Ardasire, et je crus qu'on me séparait de moi-
même. Je fixai mes yeux sur elle, et je restai
immobile; j'étais devenu stupide. On m'ôta ce
terrible spectacle, et je sentis mon âme repren-
dre toute sa sensibilité. On m'entraîna : je tournais les yeux vers ce fatal objet de ma douleur;
j'aurais donné mille vies pour le voir encore un
moment. J'entrai en fureur, je pris mon épée;

j'allais me percer le sein; on m'arrêta. Je sortis de ce palais funeste, je n'y rentrai plus. Mon esprit s'aliéna; je courais dans les bois; je remplissais l'air de mes cris. Quand je devenais plus tranquille, toutes les forces de mon âme la fixaient à ma douleur. Il me sembla qu'il ne me restait plus rien dans le monde que ma tristesse et le nom d'Ardasire. Ce nom, je le prononçais d'une voix terrible, et je rentrais dans le silence. Je résolus de m'ôter la vie, et tout à coup j'entrai en fureur. « Tu veux mourir, me « disais-je à moi-même, et Ardasire n'est pas « vengée! Tu veux mourir, et le fils du tyran « est en Hircanie, qui se baigne dans les délices! « il vit, et tu veux mourir! »

« Je me suis mis en chemin pour l'aller chercher. J'ai appris qu'il vous avait déclaré la guerre; j'ai volé à vous. Je suis arrivé trois jours avant la bataille, et j'ai fait l'action que vous connaissez. J'aurais percé le fils du tyran; j'ai mieux aimé le faire prisonnier. Je veux qu'il traîne dans la honte et dans les fers une vie aussi malheureuse que la mienne. J'espère que quelque jour il apprendra que j'aurai fait mourir le dernier des siens. J'avoue pourtant que, depuis que je suis vengé, je ne me trouve pas plus heureux; et je sens bien que l'espoir de la vengeance flatte plus que la vengeance même. Ma rage que j'ai satisfaite, l'action que vouz avez vue, les acclamations du peuple, seigneur, votre amitié même, ne me rendent point ce que j'ai perdu. »

La surprise d'Aspar avait commencé presque avec le récit qu'il avait entendu. Sitôt qu'il avait ouï le nom d'Arsace, il avait reconnu le mari de la reine. Des raisons d'État l'avaient obligé d'envoyer chez les Mèdes Isménie, la plus jeune des filles du dernier roi, et il l'y avait fait élever en secret sous le nom d'Ardasire. Il l'avait mariée à Arsace; il avait toujours eu des gens affidés dans le sérail d'Arsace; il était le génie qui, par ces mêmes gens, avait répandu tant de richesses dans la maison d'Arsace, et qui, par des voies très simples, avait fait imaginer tant de prodiges.

Il avait eu de très grandes raisons pour cacher à Arsace la naissance d'Ardasire. Arsace, qui avait beaucoup de courage, aurait pu faire valoir les droits de sa femme sur la Bactriane, et la troubler.

Mais ces raisons ne subsistaient plus, et, quand il entendit le récit d'Arsace, il eut mille fois envie de l'interrompre ; mais il crut qu'il n'était pas encore tems de lui apprendre son sort. Un ministre accoutumé à arrêter ses mouvemens, revenait toujours à la prudence; il pensait à préparer un grand événement, et non pas à le hâter.

Deux jours après, le bruit se répandit que l'eunuque avait mis sur le trône une fausse Isménie. On passa des murmures à la sédition. Le peuple furieux entoura le palais; il demanda à haute voix la tête d'Aspar. L'eunuque fit ouvrir une des portes, et, monté sur un éléphant, il s'avança dans la foule. « Bactriens, dit-il, écoutez-moi. » Et, comme on murmurait encore : « Écoutez-moi, vous dis-je. Si vous pouvez me faire mourir à présent, vous pourrez dans un moment me faire mourir tout de même. Voici un papier écrit et scellé de la main du feu roi : prosternez-vous, adorez-le; je vais le lire. »

Il le lut :

« Le ciel m'a donné deux filles, qui se res-
« semblent au point que tous les yeux peuvent
« s'y tromper. Je crains que cela ne donne oc-
« casion à de plus grands troubles et à des
« guerres plus funestes. Vous donc, Aspar, lu-
« mière de l'empire, prenez la plus jeune des
« deux, envoyez-la secrètement dans la Médie,
« et faites-en prendre soin. Qu'elle y reste sous
« un nom supposé, tant que le bien de l'État le
« demandera. »

Il porta cet écrit au-dessus de sa tête, et il s'inclina; puis, reprenant la parole :

« Isménie est morte, n'en doutez pas; mais sa sœur, la jeune Isménie, est sur le trône. Voudriez-vous vous plaindre de ce que, voyant la mort de la reine approcher, j'ai fait venir sa sœur du fond de l'Asie? Me reprocheriez-vous d'avoir été assez heureux pour vous la rendre et la placer sur un trône qui, depuis la mort de la reine, sa sœur, lui appartient? Si j'ai tû la mort de la reine, l'état des affaires ne l'a-t-il pas demandé? Me blâmez-vous d'avoir fait une action de fidélité avec prudence? Posez donc les armes. Jusqu'ici vous n'êtes point coupables; dès ce moment vous le seriez. »

Aspar expliqua ensuite comment il avait confié la jeune Isménie à deux vieux eunuques; comment on l'avait transportée en Médie sous un nom supposé; comment il l'avait mariée à un grand seigneur du pays; comment il l'avait fait suivre dans tous les lieux où la fortune l'avait conduite; comment la maladie de la reine l'avait déterminé à la faire enlever pour être gardée en secret dans le sérail; comment, après la mort de la reine, il l'avait placée sur le trône.

Comme les flots de la mer agitée s'apaisent par les zéphirs, le peuple se calma par les paroles d'Aspar. On n'entendit plus que des acclamations de joie; tous les temples retentirent du nom de la jeune Isménie.

Aspar inspira à Isménie de voir l'étranger qui avait rendu un si grand service à la Bactriane; il lui inspira de lui donner une audience éclatante. Il fut résolu que les grands et les peuples seraient assemblés; que là il serait déclaré général des armées de l'État, et que la reine lui ceindrait l'épée. Les principaux de la nation étaient rangés autour d'une grande salle, et une foule de peuple en occupait le milieu et l'entrée. La reine était sur son trône, vêtue d'un habit superbe. Elle avait la tête couverte de pierreries; elle avait, selon l'usage de ces solennités, levé son voile, et l'on voyait le visage de la beauté même. Arsace parut, et le peuple commença ses acclamamations. Arsace, les yeux baissés par respect, resta un moment dans le silence, et, adressant la parole à la reine :

« Madame, lui dit-il d'une voix basse et entrecoupée, si quelque chose pouvait rendre à mon âme quelque tranquillité, et me consoler de mes malheurs... »

La reine ne le laissa pas achever; elle crut d'abord reconnaître le visage, elle reconnut encore la voix d'Arsace. Tout hors d'elle-même, et ne se connaissant plus, elle se précipita de son trône, et se jeta aux genoux d'Arsace.

« Mes malheurs ont été plus grands que les tiens, dit-elle, mon cher Arsace. Hélas! je croyais ne te revoir jamais. Depuis le fatal moment qui nous a séparés, mes douleurs ont été mortelles. »

Et, comme si elle avait passé tout à coup d'une manière d'aimer à une autre manière d'aimer, ou qu'elle se trouvât incertaine sur l'impétuosité de l'action qu'elle venait de faire, elle se releva tout à coup, et une rougeur modeste parut sur son visage.

« Bactriens, dit-elle, c'est aux genoux de mon époux que vous m'avez vue. C'est ma félicité d'avoir pu faire paraître devant vous mon amour. J'ai descendu de mon trône, parce que je n'y étais pas avec lui, et j'atteste les Dieux que je n'y remonterai pas sans lui. Je goûte ce plaisir que la plus belle action de mon règne, c'est par lui qu'elle a été faite, et que c'est pour moi qu'il l'a faite. Grands, peuples et citoyens, croyez-vous que celui qui règne sur moi soit digne de régner sur vous? Approuvez-vous mon choix? Élisez-vous Arsace? dites-le moi, parlez. »

A peine les dernières paroles de la reine furent-elles entendues, tout le palais retentit d'acclamations; on n'entendit plus que le nom d'Arsace et celui d'Isménie.

Pendant tout ce tems, Arsace était comme stupide. Il voulut parler, sa voix s'arrêta; il voulut se mouvoir, et il resta sans action. Il ne voyait pas la reine ; il ne voyait pas le peuple ; à peine entendait-il les acclamations : la joie le troublait tellement, que son âme ne put sentir toute sa félicité.

Mais, quand Aspar eut fait retirer le peuple, Arsace pencha la tête sur la main de la reine :

« Ardasire, vous vivez ; vous vivez, ma chère Ardasire ! Je mourais tous les jours de douleur. Comment les Dieux vous ont-ils rendue à la vie ? »

Elle se hâta de lui raconter comment une de ses femmes avait substitué au poison une liqueur enivrante. Elle avait été trois jours sans mouvement ; on l'avait rendue à la vie : sa première parole avait été le nom d'Arsace ; ses yeux ne s'étaient ouverts que pour le voir ; elle l'avait fait chercher ; elle l'avait cherché elle-même. Aspar l'avait fait enlever, et, après la mort de sa sœur, il l'avait placée sur le trône.

Aspar avait rendu éclatante l'entrevue d'Arsace et d'Isménie. Il se ressouvenait de la dernière sédition. Il croyait qu'après avoir pris sur lui de mettre Isménie sur le trône, il n'était pas à propos qu'il parût encore avoir contribué à y placer Arsace. Il avait pour maxime de ne faire jamais lui-même ce que les autres pouvaient faire, et d'aimer le bien, de quelque main qu'il pût venir. D'ailleurs, connaissant la beauté du caractère d'Arsace et d'Isménie, il désirait les faire paraître dans leur jour. Il voulait leur concilier ce respect que s'attirent toujours les grandes âmes dans toutes les occasions où elles peuvent se montrer. Il cherchait à leur attirer cet amour que l'on porte à ceux qui ont éprouvé de grands malheurs. Il voulait faire naître cette admiration que l'on a pour tous ceux qui sont capables de sentir les belles passions. Enfin, il croyait que rien n'était plus propre à faire perdre à Arsace le titre d'étranger et à lui faire trouver celui de Bactrien dans tous les cœurs des peuples de la Bactriane.

Arsace jouissait d'un bonheur qui lui paraissait inconcevable. Ardasire, qu'il croyait morte, lui était rendue; Ardasire était Isménie; Ardasire était reine de Bactriane; Ardasire l'en avait fait roi. Il passait du sentiment de sa grandeur au sentiment de son amour. Il aimait ce diadème qui, bien loin d'être un signe d'indépendance, l'avertissait sans cesse qu'il était à elle; il aimait ce trône, parce qu'il voyait la main qui l'y avait fait monter.

Isménie goûtait, pour la première fois, le plaisir de voir qu'elle était une grande reine. Avant l'arrivée d'Arsace, elle avait une grande fortune, mais il lui manquait un cœur capable de la sentir : au milieu de sa Cour, elle se trouvait seule; dix millions d'hommes étaient à ses pieds, et elle se croyait abandonnée.

Arsace fit d'abord venir le prince d'Hircanie.

« Vous avez, lui dit-il, paru devant moi, et les fers ont tombé de vos mains : il ne faut point qu'il y ait d'infortuné dans l'empire du plus heureux des mortels.

« Quoique je vous aie vaincu, je ne crois pas que vous m'ayez cédé en courage : je vous prie de consentir que vous me cédiez en générosité. »

Le caractère de la reine était la douceur, et sa fierté naturelle disparaissait toujours toutes les fois qu'elle devait disparaître.

« Pardonnez-moi, dit-elle au prince d'Hircanie, si je n'ai pas répondu à des feux qui n'étaient pas légitimes. L'épouse d'Arsace ne pouvait pas être la vôtre : vous ne devez vous plaindre que du Destin.

« Si l'Hircanie et la Bactriane ne forment pas un même empire, ce sont des États faits pour être alliés. Isménie peut promettre de l'amitié, si elle n'a pu promettre de l'amour.

— « Je suis, répondit le prince, accablé de

tant de malheurs et comblé de tant de bienfaits, que je ne sais si je suis un exemple de la bonne ou de la mauvaise fortune.

« J'ai pris les armes contre vous, pour me venger d'un mépris que vous n'aviez pas. Ni vous ni moi ne méritions que le ciel favorisât mes projets. Je vais retourner dans l'Hircanie, et j'y oublierais bientôt mes malheurs, si je ne comptais parmi mes malheurs celui de vous avoir vue, et celui de ne plus vous voir.

« Votre beauté sera chantée dans tout l'Orient; elle rendra le siècle où vous vivez plus célèbre que tous les autres; et, dans les races futures, les noms d'Arsace et d'Isménie seront les titres les plus flatteurs pour les belles et les amans. »

Un événement imprévu demanda la présence d'Arsace dans une province du royaume: il quitta Isménie. Quels tendres adieux! quelles douces larmes! C'était moins un sujet de s'affliger qu'une occasion de s'attendrir. La peine de se quitter se joignit à l'idée de la douceur de se revoir.

Pendant l'absence du roi, tout fut, par ses soins, disposé de manière que le tems, le lieu, les personnes, chaque événement offrait à Isménie des marques de son souvenir. Il était éloigné, et ses actions disaient qu'il était auprès d'elle; tout était d'intelligence pour lui rappeler Arsace: elle ne trouvait point Arsace, mais elle trouvait son amant.

Arsace écrivait continuellement à Isménie; elle lisait :

« J'ai vu les superbes villes qui conduisent à
« vos frontières; j'ai vu des peuples innom-
« brables tomber à mes genoux. Tout me disait
« que je régnais dans la Bactriane : je ne voyais
« point celle qui m'en avait fait roi, et je ne
« l'étais plus. »

Il lui disait: « Si le ciel voulait m'accorder
« le breuvage d'immortalité, tant cherché dans
« l'Orient, vous boiriez dans la même coupe,

« ou je n'en approcherais pas mes lèvres; vous
« seriez immortelle avec moi, ou je mourrais
« avec vous. »

Il lui mandait: « J'ai donné votre nom à la
« ville que j'ai fait bâtir; il me semble qu'elle
« sera habitée par nos sujets les plus heu-
« reux. »

Dans une autre lettre, après ce que l'amour
pouvait dire de plus tendre sur les charmes de sa
personne, il ajoutait:

« Je vous dis ces choses sans même chercher
« à vous plaire : je voudrais calmer mes ennuis;
« je sens que mon âme s'apaise en vous parlant
« de vous. »

Enfin elle reçut cette lettre:

« Je comptais les jours, je ne compte plus
« que les momens, et ces momens sont plus
« longs que les jours. Belle reine, mon cœur
« est moins tranquille à mesure que j'approche
« de vous. »

Après le retour d'Arsace, il lui vint des ambassades de toutes parts; il y en eut qui parurent singulières. Arsace était sur un trône qu'on avait élevé dans la cour du palais. L'ambassadeur des Parthes entra d'abord; il était monté sur un superbe coursier, il ne descendit point à terre, et il parla ainsi :

« Un tigre d'Hircanie désolait la contrée, un éléphant l'étouffa sous ses pieds. Un jeune tigre restait, et il était déjà aussi cruel que son père; l'éléphant en délivra encore le pays. Tous les animaux qui craignaient les bêtes féroces venaient paître autour de lui. Il se plaisait à voir qu'il était leur asyle, et il disait en lui-même : « On dit que le tigre est le roi des « animaux; il n'en est que le tyran, et j'en suis « le roi. »

L'ambassadeur des Perses parla ainsi:

« Au commencement du monde, la lune fut mariée avec le soleil. Tous les astres du firmament voulaient l'épouser. Elle leur dit: « Regardez le soleil, et regardez-vous ; vous

« n'avez pas tous ensemble autant de lumière
« que lui. »

L'ambassadeur d'Égypte vint ensuite, et dit :

« Lorsqu'Isis épousa le grand Osiris, ce mariage fut la cause de la prospérité de l'Égypte, et le type de sa fécondité. Telle sera la Bactriane ; elle deviendra heureuse par le mariage de ses Dieux. »

Arsace faisait mettre sur les murailles de tous ses palais son nom avec celui d'Isménie. On voyait leurs chiffres partout entrelacés. Il était défendu de peindre Arsace qu'avec Isménie.

Toutes les actions qui demandaient quelque sévérité, il voulait paraître les faire seul ; il voulut que les grâces fussent faites sous son nom et celui d'Isménie.

« Je vous aime, lui disait-il, à cause de votre beauté divine et de vos grâces toujours nouvelles. Je vous aime encore, parce que, quand j'ai fait quelque action digne d'un grand roi, il me semble que je vous plais davantage.

« Vous avez voulu que je fusse votre roi, quand je ne pensais qu'au bonheur d'être votre époux; et ces plaisirs dont je m'enivrais avec vous, vous m'avez appris à les fuir lorsqu'il s'agissait de ma gloire.

« Vous avez accoutumé mon âme à la clémence ; et, lorsque vous avez demandé des choses qu'il n'était pas permis d'accorder, vous m'avez toujours fait respecter ce cœur qui les avait demandées.

« Les femmes de votre palais ne sont point entrées dans les intrigues de la Cour ; elles ont cherché la modestie et l'oubli de tout ce qu'elles ne doivent point aimer.

« Je crois que le ciel a voulu faire de moi un grand prince, puisqu'il m'a fait trouver, dans les écueils ordinaires des rois, des secours pour devenir vertueux. »

Jamais les Bactriens ne virent des tems si heureux. Arsace et Isménie disaient qu'ils régnaient sur le meilleur peuple de l'univers; les

Bactriens disaient qu'ils vivaient sous les meilleurs de tous les princes.

Arsace disait qu'étant né sujet, il avait souhaité mille fois de vivre sous un bon prince, et que ses sujets faisaient sans doute les mêmes vœux que lui.

Il ajoutait qu'ayant le cœur d'Isménie, il devait lui offrir tous les cœurs de l'univers : il ne pouvait lui apporter un trône, mais des vertus capables de le remplir.

Il croyait que son amour devait passer à la postérité, et qu'il n'y passerait jamais mieux qu'avec sa gloire. Il voulait qu'on écrivît ces paroles sur son tombeau : ISMÉNIE A EU POUR ÉPOUX UN ROI CHÉRI DES MORTELS.

Il disait qu'il aimait Aspar, son premier ministre, parce qu'il parlait toujours des sujets, plus rarement du roi et jamais de lui-même.

« Il a, disait-il, trois grandes choses : l'esprit juste, le cœur sensible et l'âme sincère. »

Arsace parlait souvent de l'innocence de son administration. Il disait qu'il conservait ses mains pures, parce que le premier crime qu'il commettrait déciderait de toute sa vie, et que là commencerait la chaîne d'une infinité d'autres.

« Je punirais, disait-il, un homme sur des soupçons. Je croirais en rester là; non: de nouveaux soupçons me viendraient en foule contre les parens et les amis de celui que j'aurais fait mourir. Voilà le germe d'un second crime. Ces actions violentes me feraient penser que je serais haï de mes sujets: je commencerais à les craindre. Ce serait le sujet de nouvelles exécutions, qui deviendraient elles-mêmes le sujet de nouvelles frayeurs.

« Que si ma vie était une fois marquée de ces sortes de taches, le désespoir d'acquérir une bonne réputation viendrait me saisir, et, voyant que je n'effacerais jamais le passé, j'abandonnerais l'avenir. »

Arsace aimait si fort à conserver les lois et les anciennes coutumes des Bactriens, qu'il tremblait toujours au mot de réformation des abus, parce qu'il avait souvent remarqué que chacun appelait loi ce qui était conforme à ses vues, et appelait abus tout ce qui choquait ses intérêts.

Que, de corrections en corrections d'abus, au lieu de rectifier les choses, on parvenait à les anéantir.

Il était persuadé que le bien ne devait couler, dans un État, que par le canal des lois; que le moyen de faire un bien permanent, c'était, en faisant le bien, de les suivre; que le moyen de faire un mal permanent, c'était, en faisant le mal, de les choquer.

Que les devoirs des princes ne consistaient pas moins dans la défense des lois contre les passions des autres, que contre leurs propres passions.

Que le désir général de rendre les hommes

heureux était naturel aux princes; mais que ce désir n'aboutissait à rien, s'ils ne se procuraient continuellement des connaissances particulières pour y parvenir.

Que, par un grand bonheur, le grand art de régner demandait plus de sens que de génie, plus de désir d'acquérir des lumières que de grandes lumières, plutôt des connaissances pratiques que des connaissances abstraites, plutôt un certain discernement pour connaître les hommes, que la capacité de les former.

Qu'on apprenait à connaître les hommes en se communiquant à eux, comme on apprend toute autre chose. Qu'il est très incommode pour les défauts et pour les vices de se cacher toujours. Que la plupart des hommes ont une enveloppe; mais qu'elle tient et serre si peu, qu'il est très difficile que quelque côté ne vienne à se découvrir.

Arsace ne parlait jamais des affaires qu'il pouvait avoir avec les étrangers; mais il aimait à s'entretenir de celles de l'intérieur de son royaume, parce que c'était le seul moyen de le bien connaître; et là-dessus il disait qu'un bon prince devrait être secret, mais qu'il pouvait quelquefois l'être trop.

Il disait qu'il sentait en lui-même qu'il était un bon roi; qu'il était doux, affable, humain; qu'il aimait la gloire, qu'il aimait ses sujets; que cependant, si, avec ces belles qualités, il ne s'était gravé dans l'esprit les grands principes de gouvernement, il serait arrivé la chose du monde la plus triste : que ses sujets auraient eu un bon roi, et qu'ils auraient peu joui de ce bonheur, et que ce beau présent de la Providence aurait été en quelque sorte inutile pour eux.

« Celui qui croit trouver le bonheur sur le trône, se trompe, disait Arsace : on n'y a que le bonheur qu'on y a porté, et souvent même on y risque ce bonheur que l'on a porté. Si donc les Dieux, ajoutait-il, n'ont pas fait le commandement pour le bonheur de ceux qui commandent, il faut qu'ils l'aient fait pour le bonheur de ceux qui obéissent. »

Arsace savait donner, parce qu'il savait refuser.

« Souvent, disait-il, quatre villages ne suffisent pas pour faire un don à un grand seigneur prêt à devenir misérable, ou à un misérable prêt à devenir grand seigneur Je puis bien enrichir la pauvreté d'État; mais il m'est impossible d'enrichir la pauvreté de luxe. »

Arsace était plus curieux d'entrer dans les chaumières que dans les palais de ses grands.

« C'est là que je trouve mes vrais conseillers. Là, je me ressouviens de ce que mon palais me fait oublier. Ils me disent leurs besoins. Ce sont les petits malheurs de chacun qui composent le malheur général. Je m'instruis de tous ces malheurs, qui, tous ensemble, pourraient former le mien.

« C'est dans ces chaumières que je vois ces

objets tristes, qui font toujours les délices de ceux qui peuvent les faire changer, et qui me font connaître que je puis devenir un plus grand prince que je ne le suis. J'y vois la joie succéder aux larmes ; au lieu que dans mon palais, je ne puis guère voir que les larmes succéder à la joie. »

On lui dit un jour que, dans quelques réjouissances publiques, des farceurs avaient chanté ses louanges.

« Savez-vous bien, dit-il, pourquoi je permets à ces gens-là de me louer ? c'est afin de me faire mépriser la flatterie, et de la rendre vile à tous les gens de bien. J'ai un si grand pouvoir, qu'il sera toujours naturel de chercher à me plaire. J'espère bien que les Dieux ne permettront point que la flatterie me plaise jamais. Pour vous, mes amis, dites-moi la vérité ; c'est la seule chose du monde que je désire, parce que c'est la seule chose du monde qui puisse me manquer. »

Ce qui avait troublé la fin du règne d'Artamène, c'est que, dans sa jeunesse, il avait conquis quelques petits peuples voisins, situés entre la Médie et la Bactriane. Ils étaient ses alliés; il voulut les avoir pour sujets, il les eut pour ennemis ; et, comme ils habitaient les montagnes, ils ne furent jamais bien assujettis : au contraire, les Mèdes se servaient d'eux pour troubler le royaume : de sorte que le conquérant avait beaucoup affaibli le monarque, et que, lorsque Arsace monta sur le trône, ces peuples étaient encore peu affectionnés. Bientôt les Mèdes les firent révolter. Arsace vola, et les soumit. Il fit assembler la nation, et parla ainsi :

« Je sais que vous souffrez impatiemment la domination des Bactriens : je n'en suis point surpris. Vous aimez vos anciens rois, qui vous ont comblés de bienfaits. C'est à moi à faire en sorte, par ma modération et par ma justice, que vous me regardiez comme le vrai successeur de ceux que vous avez tant aimés. »

Il fit venir les deux chefs les plus dangereux de la révolte, et dit au peuple :

« Je les fais mener devant vous, pour que vous les jugiez vous-mêmes. »

Chacun, en les condamnant, chercha à se justifier.

« Connaissez, leur dit-il, le bonheur que vous avez de vivre sous un roi qui n'a point de passion lorsqu'il punit, et qui n'en met que quand il récompense; qui croit que la gloire de vaincre n'est que l'effet du sort, et qu'il ne tient que de lui-même celle de pardonner.

« Vous vivrez heureux sous mon empire, et vous garderez vos usages et vos lois. Oubliez que je vous ai vaincus par les armes, et ne le soyez que par mon affection. »

Toute la nation vint rendre grâces à Arsace de sa clémence et de la paix. Des vieillards portaient la parole.

Le premier parla ainsi :

« Je crois voir ces grands arbres qui font

l'ornement de notre contrée. Tu en es la tige, et nous en sommes les feuilles; elles couvriront les racines des ardeurs du soleil. »

Le second lui dit :

« Tu avais à demander aux Dieux que nos montagnes s'abaissassent pour qu'elles ne pussent pas nous défendre contre toi. Demande-leur aujourd'hui qu'elles s'élèvent jusques aux nues, pour qu'elles puissent mieux te défendre contre tes ennemis. »

Le troisième dit ensuite :

« Regarde le fleuve qui traverse notre contrée; là où il est impétueux et rapide, après avoir tout renversé, il se dissipe et se divise au point que les femmes le traversent à pied. Mais si tu le regardes dans les lieux où il est doux et tranquille, il grossit lentement ses eaux, il est respecté des nations, et il arrête les armées. »

Depuis ce tems ces peuples furent les plus fidèles sujets de la Bactriane.

Cependant le roi de Médie apprit qu'Arsace régnait dans la Bactriane. Le souvenir de l'affront qu'il avait reçu se réveilla dans son cœur. Il avait résolu de lui faire la guerre. Il demanda le secours du roi d'Hircanie.

« Joignez-vous à moi, lui écrivit-il; poursui-
« vons une vengeance commune. Le ciel vous
« destinait la reine de Bactriane ; un de mes
« sujets vous l'a ravie, venez la conquérir. »

Le roi d'Hircanie lui fit cette réponse :

« Je serais aujourd'hui en servitude chez les
« Bactriens, si je n'avais trouvé des ennemis gé-
« néreux. Je rends grâces au ciel de ce qu'il a
« voulu que mon règne commençât par des mal-
« heurs. L'adversité est notre mère ; la prospé-
« rité n'est que notre marâtre. Vous me propo-
« sez des querelles qui ne sont pas celles des
« rois. Laissons jouir le roi et la reine de Bac-
« triane du bonheur de se plaire et de s'aimer. »

TABLE

Lettre-préface, par Oct. Uzanne. . . . . ı
Dédicace à Sa Majesté britannique xvii
Préface de l'auteur. xix
Temple de Gnide . . . . ı
Céphise et l'Amour 67
Arsace et Isménie. 75

En vente à notre librairie

CONTEURS DU XVIIIe SIÈCLE

ORNÉS DE VIGNETTES A MI-PAGE

Contes et Nouvelles en vers, par Voltaire, Vergier, Grécourt, Piron, etc. 2 vol. in-16, fig. de Duplessis-Bertaux. Les 2 vol. 30 fr.

Contes et Nouvelles en vers, par M. de La Fontaine. 2 vol. in-16, ornés des jolies vignettes de Duplessis-Bertaux. Les 2 volumes. . . . . 40 fr.

Le Fond du Sac; recueil de Contes en vers, par Nogaret, Théis et l'abbé Bretin. 2 vol. in-16, ornés de jolies gravures à mi-page. . . . , ... 30 fr.

La Pucelle d'Orléans, par Voltaire. 2 vol. in-16, avec les gravures de Duplessis-Bertaux. Les 2 volumes . . . 30 fr.

RÉIMPRESSION

DES

BEAUX LIVRES A GRAVURES DU XVIIIe SIÈCLE

DORAT. *Les Baisers*, précédés du *Mois de Mai*. Réimpression textuelle sur l'édition originale de 1770, avec les charmantes vignettes d'Eisen. 1 beau vol. gr. in-8 raisin, pap. vergé. (*Presque épuisé*). . . . . 50 fr.

LABORDE. *Choix de chansons mises en musique*, ornées d'un portrait de l'auteur gravé par Masquelier, d'après Denon, et de 104 magnifiques estampes par Moreau, Le Barbier, Le Bouteux et Saint-Quentin. 4 vol. grand in-8, pap. vergé, texte et musique entièrement gravés. Le volume . . . . . 50 fr.

Ce splendide ouvrage est dès ce moment en souscription. Le premier volume paraîtra en avril prochain, et les autres successivement de trois mois en trois mois. Nous tenons des spécimens du texte et des gravures à la disposition des amateurs.

DE FAVRE. *Les Quatre heures de la Toilette des Dames*, poème érotique, orné des belles illustrations de Leclerc. 1 vol. gr. in-8, pap. vergé. . . . . 25 fr.

LONGUS. *Daphnis et Chloé*, traduction d'Amyot, revue par P.-L. Courier. Nouvelle édition ornée du portrait d'Amyot, de la suite complète des 9 grav. de Prudhon et de Gérard, et des jolies vignettes et culs-de-lampe, de l'édition dite du Régent, gravés par Fokke. 1 beau vol. in-8 carré, pap. vélin. 15 fr.

Reliure serrée

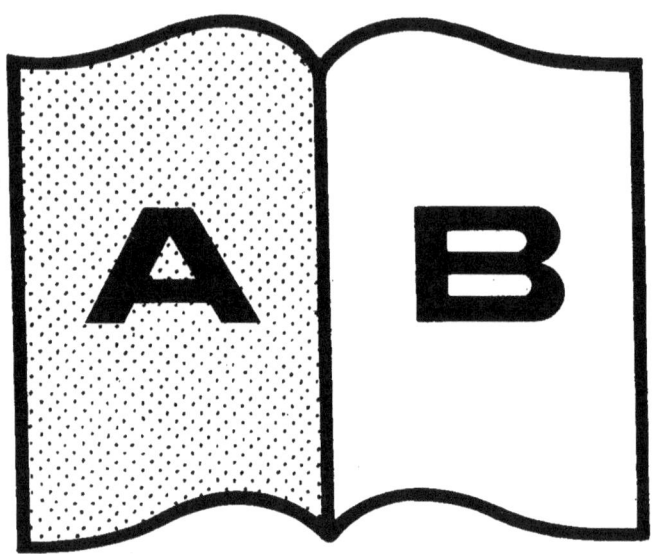

Contraste insuffisant

NF Z 43-120-14

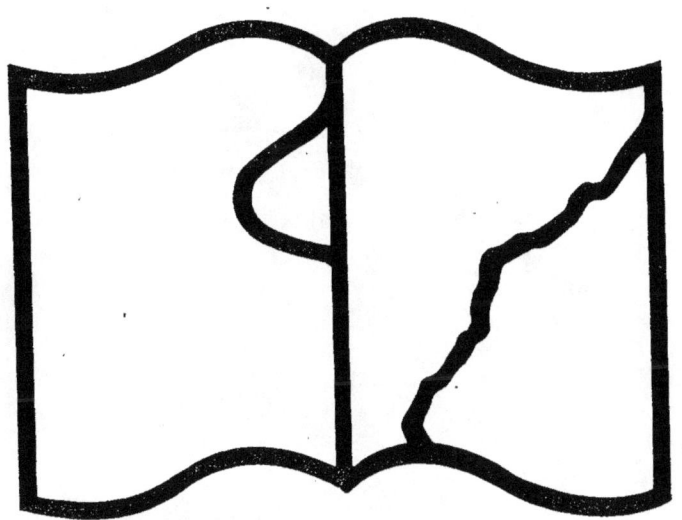

Texte détérioré — reliure défectueuse
NF Z 43-120-11

www.ingramcontent.com/pod-product-compliance
Lightning Source LLC
Chambersburg PA
CBHW071936160426
43198CB00011B/1421